齋藤 孝

これでカンペキ！

マンガでおぼえる

コミュニケーション

岩崎書店

はじめに

この本のテーマは「話し方」。みんなは、自分の「話し方」を意識《いしき》したことはあるかな？　「ふつうに会話ができているからだいじょうぶ」と思っているかもしれないね。

たしかに、会話ができればそれでいいよね。でも、「より気持ちのいい会話」をして、人との関係《かんけい》をよくしていこう！　というのが、この本のねらいなんだ。

コミュニケーションという言葉は、人と言葉や気持ちのやりとりをするという意味。コミュニケーションは、友だちや家族など、みんなのまわりにいる人たちと心地よくすごすためにあるんだ。

親切にしてもらったら「ありがとう、助かったよ!」と言い、おいしいごはんを作ってもらったら「ありがとう、すごくおいしかった! また食べたいな!」と言う。「ありがとう」という言葉に、もうひとつ気持ちを伝える言葉をつけ加えると、相手の好意《こうい》にこたえる、気持ちのいいコミュニケーションになるんだ。

この本では、みんなが日常で出あういろんな場面ごとの、「よくない言い方」と「いい言い方」を紹介《しょうかい》しているよ。もし、自分の話し方が「よくない言い方」になっていると感じたら、「いい言い方」に変えてみよう。まずは、この本に書いてある通りに言ってみることからはじめよう。

話し方が変わると、相手との関係が変わるんだ。きっと、今まで以上に仲よくなれるね。

この本《ほん》に登《とう》場《じょう》する人《ひと》たちのしょうかい

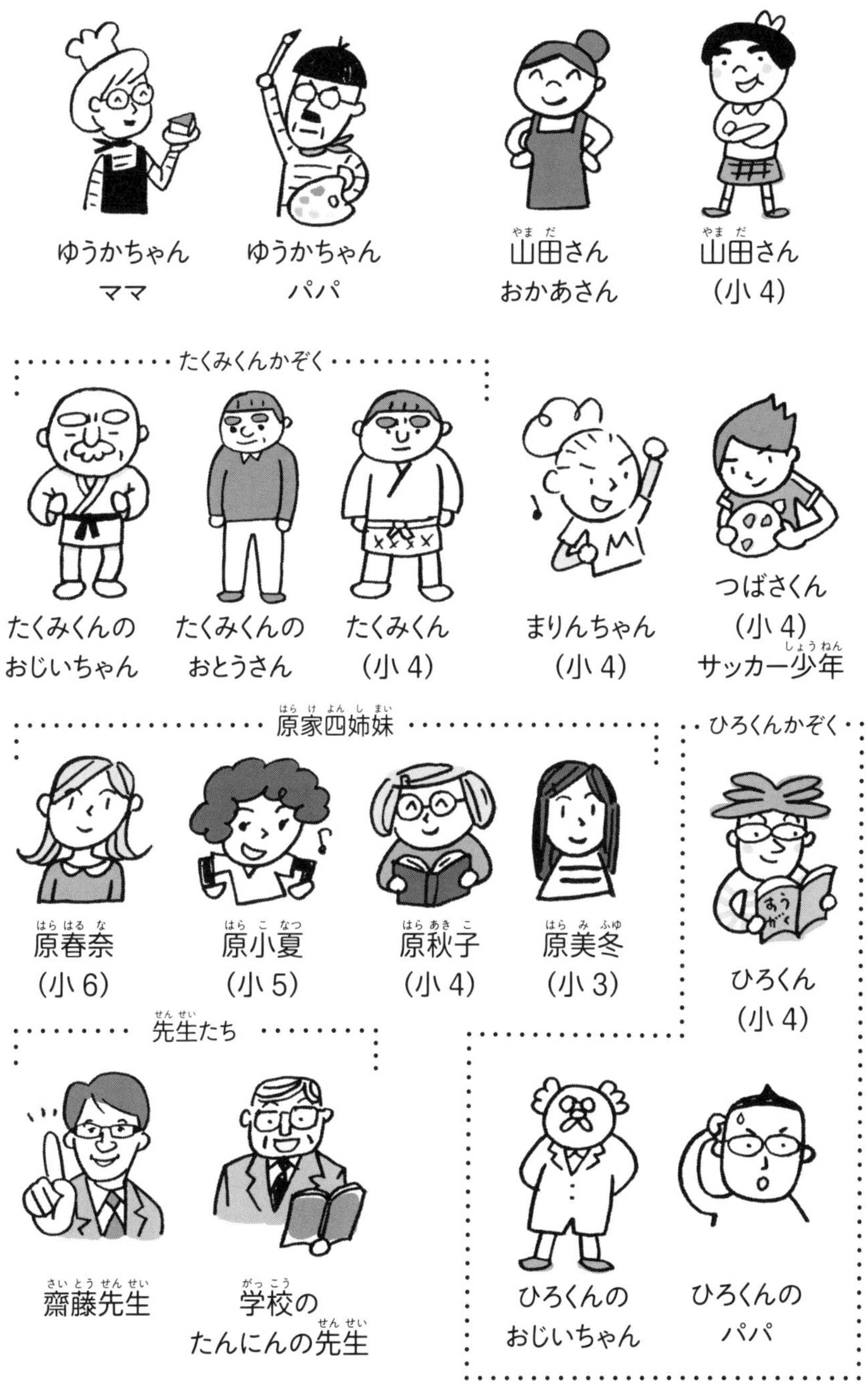
ゆうかちゃん
ママ
ゆうかちゃん
パパ
山田《やまだ》さん
おかあさん
山田《やまだ》さん
(小4)
たくみくんかぞく
たくみくんの
おじいちゃん
たくみくんの
おとうさん
たくみくん
(小4)
まりんちゃん
(小4)
つばさくん
(小4)
サッカー少年《しょうねん》
原家四姉妹《はらけよんしまい》
原春奈《はらはるな》
(小6)
原小夏《はらこなつ》
(小5)
原秋子《はらあきこ》
(小4)
原美冬《はらみふゆ》
(小3)
ひろくんかぞく
ひろくん
(小4)
先生《せんせい》たち
齋藤先生《さいとうせんせい》
学校《がっこう》の
たんにんの先生《せんせい》
ひろくんの
おじいちゃん
ひろくんの
パパ

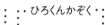

もくじ

はじめに——2
登場人物の紹介——4
この本の使い方——11
おわりに——158

こんなとき

1 友だちをさそうとき——12
2 友だちからサッカーにさそわれて、OKするとき——14
3 友だちから遊《あそ》びにさそわれて、ことわるとき——16
4 一度OKしたものをことわるとき（ドタキャンするとき）——18
5 自分の給食当番《きゅうしょくとうばん》の手伝いをたのむとき——20
6 「チビ！」とからかわれて、イヤな気持ちになったとき——22
7 友だちを見て、太ったなと感じたとき——24
8 友だちのかみがたが、「ヘンだな」と思ったとき——30
9 サッカーのPKで、友だちをおうえんするとき——32
10 チームメイトがPKに失敗《しっぱい》したとき——34
11 クラスで発表するときに、友だちにおうえんされたとき——36
12 友だちがテストで百点を取ったとき——38
13 自分が百点を取ったとき——40
14 絵画《かいが》のコンクールで、自分が賞《しょう》をもらったとき——42

15 初めて同じクラスになった子と、席がとなりになったとき —— 44
16 休み時間にひとりでいる友だちに、話しかけるとき —— 46
17 入院《にゅういん》している友だちに声をかけるとき —— 50
18 心配してくれた友だちに、お礼を言うとき —— 52
19 友だちのことを心配して、声をかけるとき —— 54
20 さかあがりができなくてなやんでいる子に、声をかけるとき —— 56
21 友だちとケンカして、仲直りするとき —— 58
22 図書館《としょかん》でさわいでいる人に、注意するとき —— 62
23 図書館でさわいでいて、クラスメイトに注意されたとき —— 64
24 教科書をわすれたら、となりの子が見せてくれたとき —— 66
25 友だちが引っこすとき —— 68
26 転校した学校で、新しいクラスに入ったとき —— 70
27 友だちが「好き」と言ったものが、自分は好きではないとき —— 74
28 友だちから「これ、おもしろいよ」と、すすめられたとき —— 76
29 もらったプレゼントが、気に入らなかったとき —— 78
30 友だちが、着ている服をけなされて、きずついているとき —— 80
31 いじめられている友だちを見たとき —— 84

32 いじめられていそうなクラスメイトに、話しかけるとき 86
33 クラスメイトから、無視《むし》されたと感じるとき 88
34 「○○（人の名前）を無視《むし》しようよ」と言われたとき 90
35 異性《いせい》から告白《こくはく》されて、ことわるとき 94
36 「マンガをかして」と言われたけれど、かしたくないとき 96
37 「お金をかして」と言われたとき 98
38 先生から「質問《しつもん》はありますか？」と聞かれたとき 100
39 学校にちこくして、先生に注意されたとき 102
40 わすれ物をして、先生にしかられたとき 104
41 先生に「よくがんばったね」とほめられたとき 106
42 先生に指導《しどう》してもらって、できたとき 108
43 先生に「今回はおしかったね、つぎはがんばろう」とはげまされたとき 110
44 先生にわからないところを、教えてもらったとき 112
45 前の担任《たんにん》の先生にひさしぶりに会ったとき 114
46 友だちの家にあがるとき 122
47 友だちの家でごちそうになったとき 124
48 友だちの家ですすめられた食べものが、きらいなものだったとき 126

49 友だちの家から帰るとき 128
50 近所の人に「最近《さいきん》、学校どう？」と聞かれたとき 130
51 家にお客さんがきたとき 132
52 家にたずねてきた人から、おかしをもらったとき 134
53 お客さんが帰るとき 136
54 宅配便《たくはいびん》を受け取るとき 138
55 電車で前にお年よりが立っていたとき 140
56 重いものを持ったお年よりに、会ったとき 142
57 道で人にぶつかったとき 144
58 道でぶつかって、相手からあやまられたとき 146
59 ファミリーレストランで、水をこぼしてしまったとき 150
60 お母さんに、おふろそうじをたのまれたとき 152
61 家の人から「きょう、学校でどうだった？」と聞かれたとき 154

コラム

1 「チビ！」と言われたら、どう返す？ 26
2 人には言われてイヤなことがある 28
3 好きなものを話題にすると楽しく話せる 48
4 「偏愛《へんあい》マップ」を書いてみよう！ 49

5 相手に共感《きょうかん》したあとで自分の意見を言う —— 60
6 あいさつができると信頼《しんらい》される —— 72
7 じつは、聞き上手こそが話し上手 —— 73
8 〝ほめコメント〟はよろこばれるおくり物 —— 82
9 「ほめる」「アドバイス」のサンドイッチ —— 83
10 イジメはひとりでなやんでいてはダメ！ —— 92
11 よりよい工夫を考えよう！ —— 116
12 何気《なにげ》ない話をする雑談力《ざつだんりょく》を身につけよう —— 118
13 自分のためにしてくれたことにこたえる —— 120
14 言葉をつなげることが大切 —— 148
15 SNS《エスエヌエス》をやるなら時間を限定《げんてい》しよう —— 156
16 文字のやりとりは誤解《ごかい》を生むこともある —— 157

格言

1 イヤなことを言われたら、ユーモアで返そう！ —— 27
2 相手がきずつきそうなことにはふれないのが鉄則《てっそく》！ —— 29
3 会話は、気持ちのやりとり！ —— 61
4 イジメられたら、すぐ親に言おう！ —— 93
5 アイデアはどんどん出そう！ —— 117
6 楽しく会話ができる人は、どこでも生きていける！ —— 119
7 気持ちは言葉にのせて伝えよう —— 121
8 無言《むごん》はナシ！ —— 149

この本の使い方

右ページによくない言い方、左ページにいい言い方があるよ。
まず、右ページを読んでから左ページを読もう。
マンガも右ページがよくない言い方、左ページがいい言い方。
どんな気持ちで会話しているのか、
登場人物の表情《ひょうじょう》を見るとわかるね。

××　ぜったいにダメな言い方

×　よくない言い方

△　あまりよくない言い方

○　いい言い方

◎　とってもいい言い方

解説
言い方の説明とともに、どういう気持ちで
話したらいいか、そのとき相手はどう思うのかなど、
コミュニケーションの基本《きほん》を解説《かいせつ》。ここもだいじだよ。

こんなとき22
図書館《としょかん》でさわいでいる人に、注意するとき

×「うるさい！」

△「しずかにして！」

図書館《としょかん》にて
ペチャクチャ
うるさい！しずかにして！
言ったあとっていやな気持ちになって集中できない…

○「ここ図書館《としょかん》だから、しずかにしてね」

○「『しずかに』って、はり紙に書いてあるよ」

人に注意するときに、いきなり「うるさい！」と言ったら〝ぎゃくギレ〟されるかもしれないので、相手が「たしかにそのとおり」とわかってくれる言い方をするといいよ。〝はり紙〟と言われたら、相手も反論《はんろん》できなくなるね。

やさしく注意してみよう
ここ図書館だからしずかにしてね！
あ、ごめん…
これでよし！

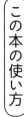

こんなとき1

友だちをさそうとき

△

「こんどの日曜日《にちようび》、ヒマ？」

○

「こんどの日曜日、ピアノの発表会があるんだけど来られる？」

「いつ」「なにに」さそいたいかをきちんと伝えると、相手は考えやすいんだ。用件《ようけん》によっては、「ヒマだけど行きたくない」ということもあるかもしれないからね。相手の気持ちに配慮《はいりょ》したさそい方をしよう。

こんなとき2

友だちからサッカーにさそわれて、OKするとき

△

「うん、まあいいよ」

○「いいね！やりたいと思ってたんだ！」

自分も「やりたい！」と思っていることにさそわれたのなら、「まあいいよ」というあいまいな答え方ではなく、元気に「いいね！」と答えよう。そうすると、さそった方もうれしくなるよ。

2

こんなとき3

友だちから遊《あそ》びにさそわれて、ことわるとき

✕

「えー、きょうはダメだよ」

○「ごめん、きょうはダメなんだけど、つぎまたさそって！」

ことわるときは、勇気《ゆうき》がいるよね。そんなときは、「ごめんね」という気持ちと、「つぎこそは！」という気持ちを伝えよう。それなら相手も「じゃあ、またこんど！」という前向きな気持ちになってくれるよ。

ごめんね、きょうは行けそうにないんだ…つぎまたさそって！
うん！わかった
また声をかけるね！
2

こんなとき4

一度OKしたものをことわるとき（ドタキャンするとき）

× 「やっぱりやめとく」

△ 「やっぱりダメになっちゃった」

○

「ごめん、急におばあちゃんの家に行かなきゃならなくなって。つぎはぜったい！」

どうしても、急にことわらなくてはならなくなった場合は、その理由をちゃんと言おう。理由があれば相手もなっとくできるからね。相手にも都合《つごう》があるから、ダメになってしまったら、できるだけ早く伝えよう。

こんなとき5

自分の給食当番《きゅうしょくとうばん》の手伝いをたのむとき

✕

「ちょっと、やってよ！」

○「おねがい、手伝ってくれると助かるんだけどな！」

人にものをたのむときは、どんなに急いでいてもていねいに言おう。「手伝ってよ」と言うよりも、「助けてほしい」という気持ちを伝えると、相手も気持ちよく受け入れてくれるよ。

こんなとき6

「チビ！」とからかわれて、イヤな気持ちになったとき

△

「チビじゃないよ！（とおこる）」

○「小《こ》回《まわ》りがきくから
べんりなんだよ」

○「中学になったら
伸びる予定なんだ」

おこって言い返したら、相手がおもしろがってまた言ってくるかもしれない。その手にはのらず、ぎゃくに言われたことのいい点をとらえて、ユーモアで言い返そう！　相手もわらって、からかう気をなくすよ。

2

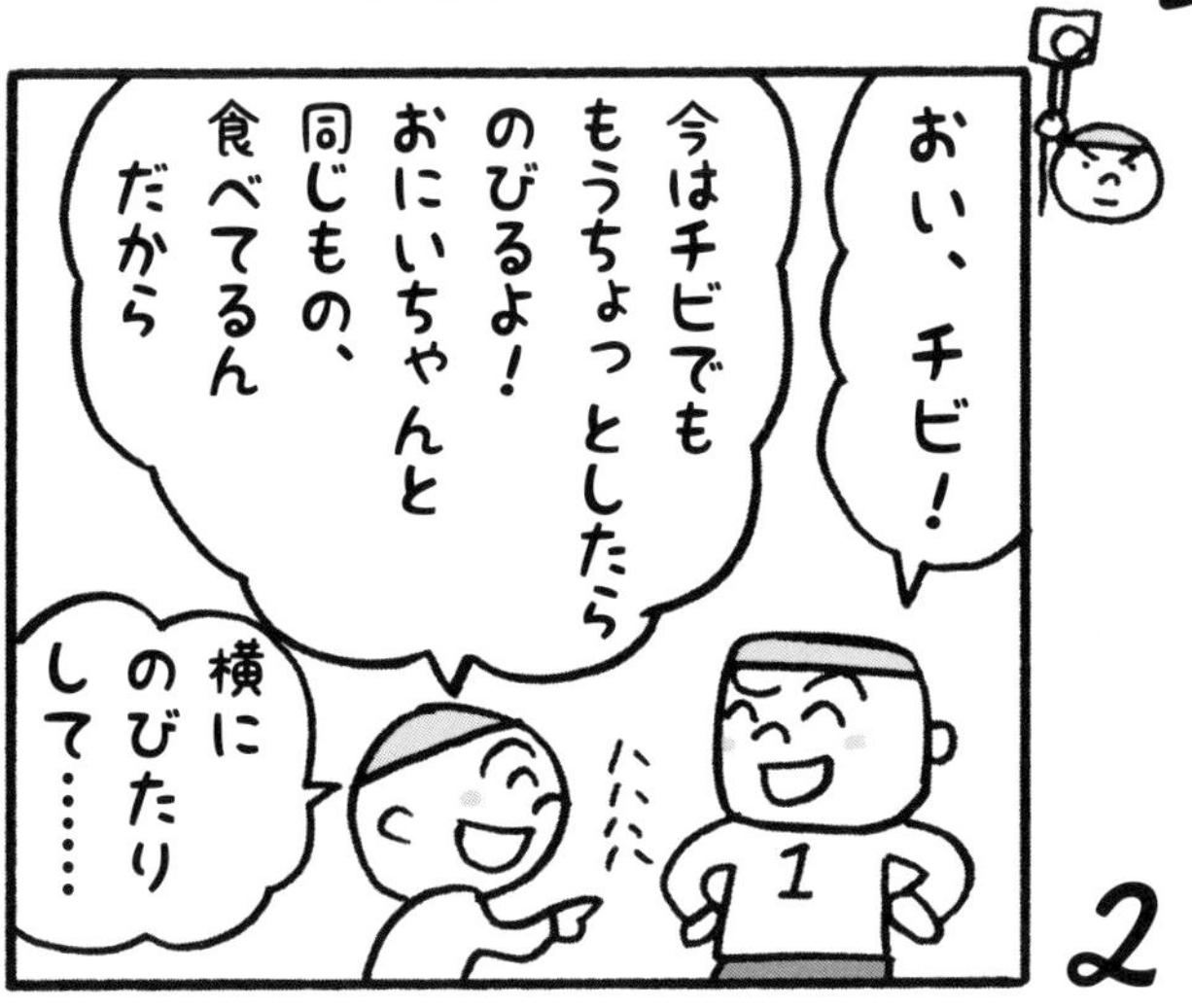
おい、チビ！
今はチビでももうちょっとしたらのびるよ！おにいちゃんと同じもの、食べてるんだから
ハハハ
横にのびたりして……

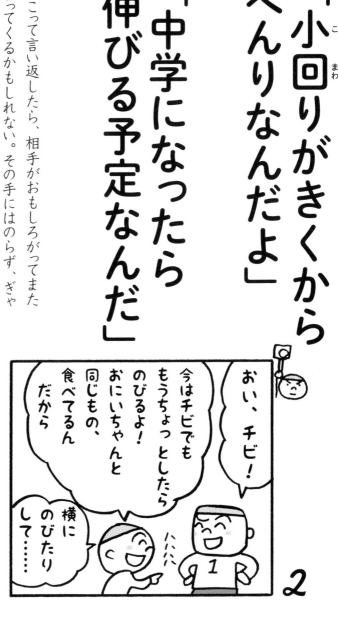

こんなとき7

友だちを見て、太ったなと感じたとき

×

「太った？」

○

「きょう、雨ふるかなぁ（そのことにふれず、べつの話題に）」

気づいたことを、なんでも言えばいいというものじゃないね。「これを言ったら、きずつくかな」と思うことは、あえて言わないことも大切だよ。べつの話をしてもりあがれば、いつのまにかわすれてしまうよ。

「チビ!」と言われたら どう返す?

イジメとまではいかなくても、からかわれたり、言われたくないことを言われることがあるかもしれない。それが、キミ自身が気にしていることだったら、落ちこんだり頭にきたりすることもあるよね。

もちろん、「そういうことを言わないで」とはっきり言うことも大切。でも、**はっきりと言いにくいときは、ユーモアで返す**方法もあるよ。

「チビ!」と言われたら、「小回りがきいて便利《べんり》だよ」と答える、「デブ!」と言われたら「ウチの家族の中ではいちばんやせてるんだよ」と答える。そうすると、**言う方もわらってしまってイジメには発展《はってん》しない**よ。

童ようの「ぞうさん」、知ってるかな。「ぞうさん　ぞうさん　おはながながいのね　そうよ　かあさんも長いのよ」という歌詞《かし》は、子ぞうがはなが長いことをからかわれて、それに対して「だっておかあさんぞうも長いよ!」と言い返したという内容《ないよう》なんだ。キミも、子ぞうのように**ユーモアで強くなろう!**

コミュニケーション格言《かくげん》 1

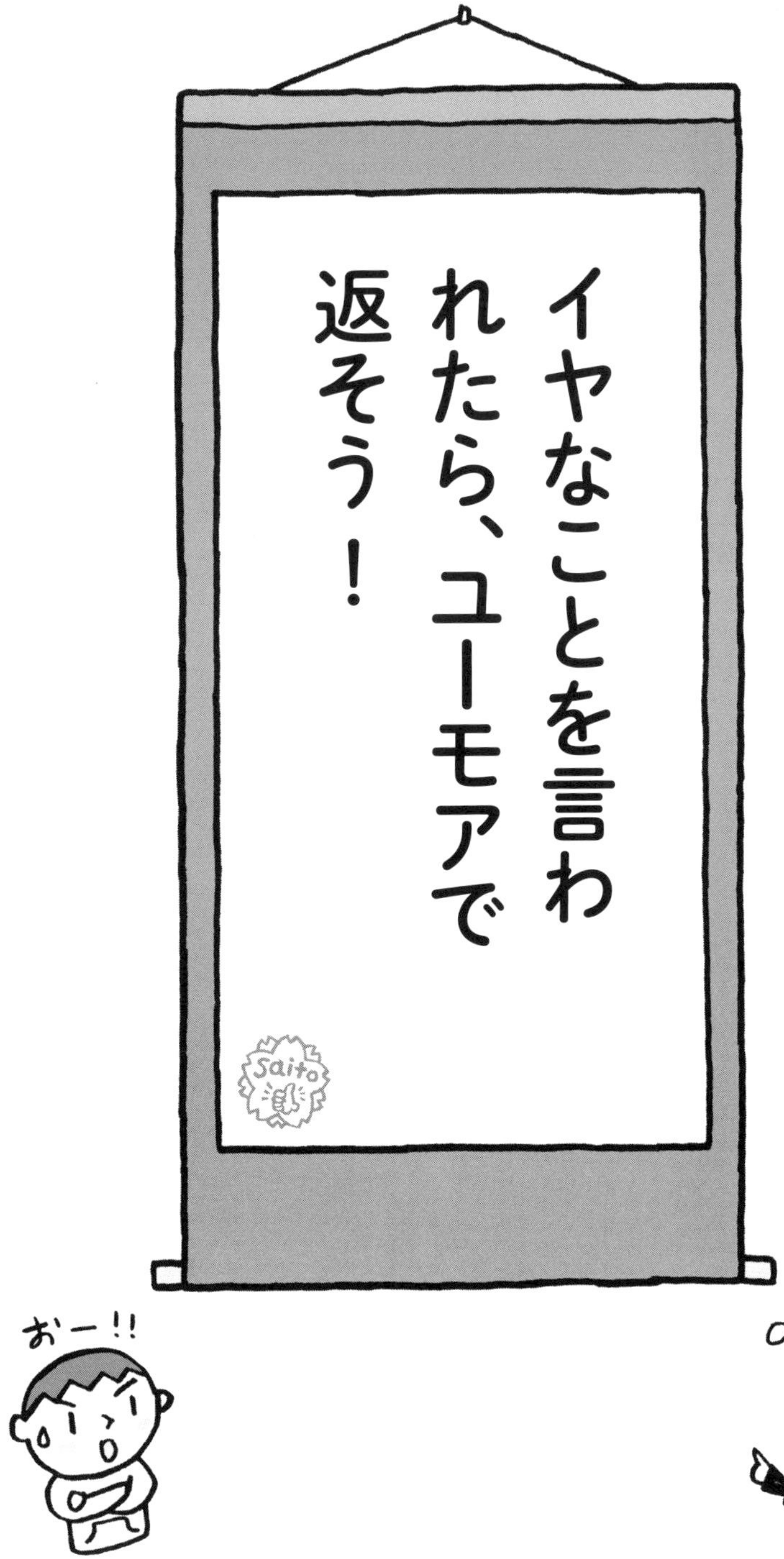
イヤなことを言われたら、ユーモアで返そう！
Saito
おー!!
OK!

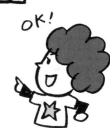

コラム2

人には言われてイヤなことがある

正直であること、ウソをつかないことは、とても大事。そこでこまるのは、友だちがかみの毛を切ってきたのを見て「なんか、へン……」と思ったとき。「すごくいいよ!」と言うとウソになってしまうよ。かといって、「へンだね」と言ってしまったら、友だちをきずつけてしまう。**どんなに親しい間がらでも、言われてイヤなことはある**ものだからね。

「へン」とも言えず「いいね」とも言えない場合は、**そのことにふれずにべつの話題にするといい**んだ。

「きのうの夜の雨、すごかったね〜」とか、「きょう、なにかおもしろいテレビあるかな」と、かみがた以外《いがい》の話をすればいい。仲《なか》のいい友だちだったら、話すことはいくらでもあるよね。

もし「このかみがたどう思う?」と聞かれたら、「個性的《こせいてき》でいいと思う」とか、「ざんしんだね」と答えよう。ウソではないからだいじょうぶ。

あえて〝そのことにふれない〟というのもコミュニケーションのひとつの方法だよ。

コミュニケーション格《かく》言《げん》 2

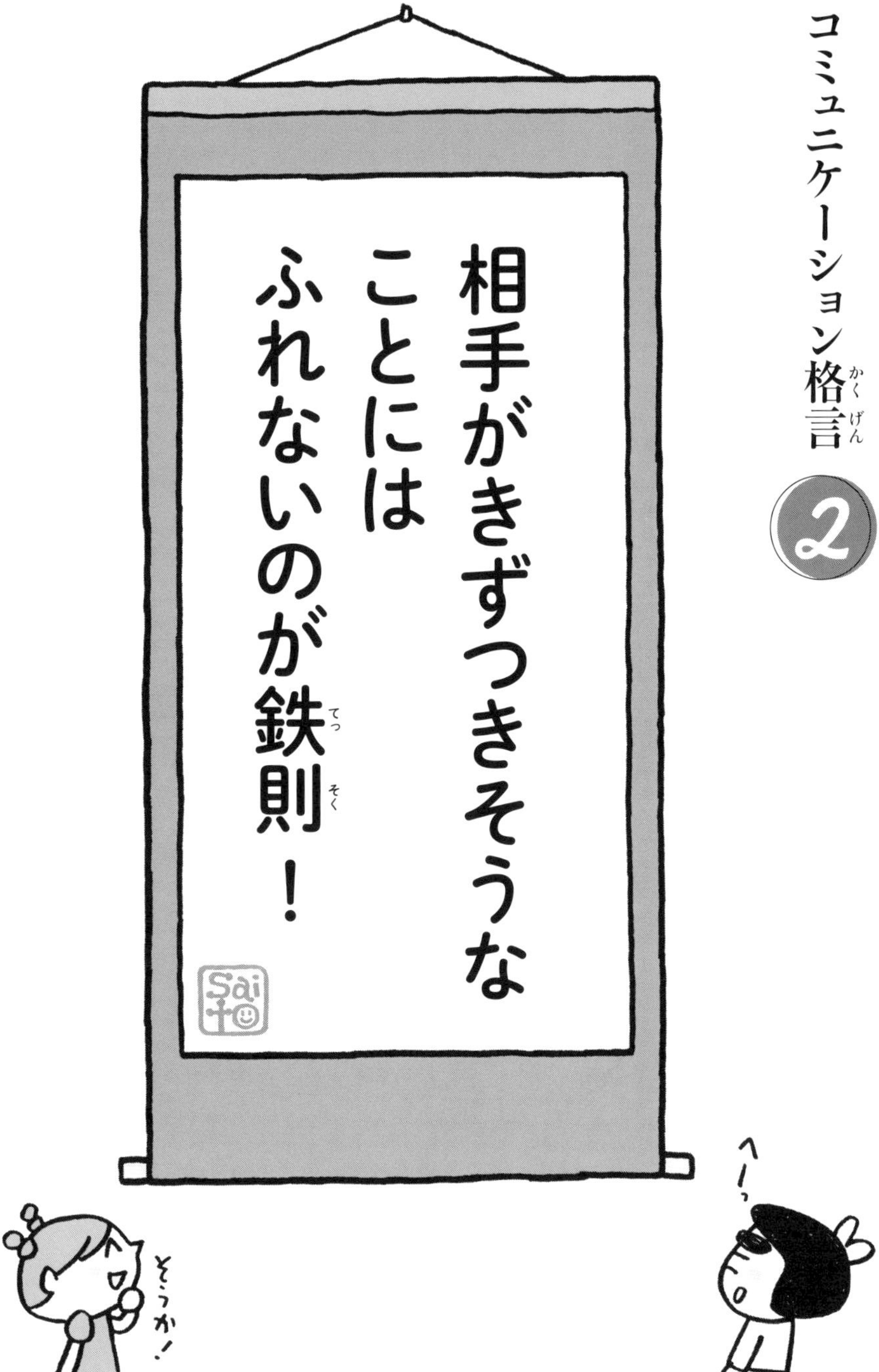

相手がきずつきそうなことにはふれないのが鉄《てっ》則《そく》！
Sai
へー
そうか！

こんなとき8

友だちのかみがたが、「ヘンだな」と思ったとき

××

「キモ！」

「なにそれ、ヘンすぎ」

○「ざんしんなかみがただね！」

○「個性的《こせいてき》でいいね！」

「ざんしん」は今までにない新しい発想《はっそう》。「個性的《こせいてき》」は、その人にしかない独特《どくとく》さ。友だちの服そうやかみがたを見て「ヘンだな」と思ったときは、こんな言葉で言いかえよう。言われた方も悪い気持ちはしないよ。

2

こんなとき9

サッカーのPKで、友だちをおうえんするとき

✕

「ぜったい、決めてね！」

✕

「これを決めたら勝つんだから」

○「落ち着いて、練習どおりにね」

「がんばれ！」というおうえんが、プレッシャーになることもあるね。友だちがきんちょうしているときは、リラックスできる言葉をかけよう。人は、リラックスしているときこそ実力がはっきりできるんだ！

2

こんなとき10

チームメイトがPKに失敗《しっぱい》したとき

×「なにやってんの！」

○「ドンマイ！」

○「みんなでカバーするからだいじょうぶ！」

だいじなところで失敗《しっぱい》されたら、がっかりするよね。でも、それをせめてはいけない。「ドンマイ」は、英語の「Don't《ドント》 mind《マインド》（気にするな）」の略《りゃく》。チームプレーは力を合わせることがだいじ。カバーしていこう！

こんなとき11

クラスで発表するときに、友だちにおうえんされたとき

△「えー、自信ないよ」

○「ありがとう、やるだけやってみるよ!」

おうえんしてくれる人の気持ちは、「ありがとう」と言ってちゃんと受けとろう。「えー」と言ったら、その気持ちを否定《ひてい》したようになってしまうからね。自信がなくても、おうえんをパワーにかえてがんばろう!

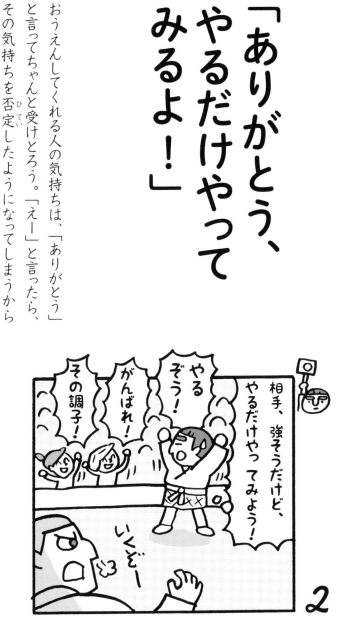

こんなとき12

友だちがテストで百点を取ったとき

✕

「……（無言《むごん》）」

✕

「あのくらい、だれだってできるよ（とつぶやく）」

1

○「すごいね！どうやって勉強したの？教えて！」

友だちがいい結果《けっか》を出したら、すなおに「すごいね！」と言おう。ねたんだりひがんだりせず、いっしょによろこぶのが友だちだよ。そうしたら、もしキミが百点を取ったときも、よろこんでくれるはず。

こんなとき13

自分が百点を取ったとき

×「たいして勉強してないよ」

○

「一生懸命《いっしょうけんめい》がんばったから、結果《けっか》が出てよかったよ」

ひかえめな態度《たいど》のことを「けんそん」といい、日本人はこれを美徳《びとく》としているね。たしかにけんそんはだいじだけど、勉強したのに「していない」とウソをつく必要はないよ。結果《けっか》が出たら、すなおによろこぼう！

こんなとき14

絵画《かいが》のコンクールで、自分が賞《しょう》をもらったとき

✕「楽勝《らくしょう》だよ!」

✕「こんなのふつうだよ」

大賞
これが大賞《たいしょう》をとった絵ね! すごい
わー/っ
楽勝《らくしょう》よ
画家のむすめだし
1

○

「まさか賞《しょう》を取れるなんて、びっくりだよ」

○

「ラッキーだったんだよ」

高い評価《ひょうか》を受けたときに、じまんしたり、えらそうな言い方をしたりするのはよくないね。おどろきを正直に伝えたうえで、「ラッキーだった」と、「運」のおかげのように言うと、じまんには聞こえないよ。

こんなとき15

初めて同じクラスになった子と、席がとなりになったとき

✕

「……（無《む》言《ごん》）」

クラスがえ
はじめて同じクラスになった子と席がとなりになり……気まずい二人
……
……
1

○

「前、何組だった？　じゃあ○○ちゃんって知ってる？」

○

「得《と》意《い》なこととか好きなことはなに？」

まずは、自分からどんどん話しかけよう！　好きなものを聞いて、それを話題《わだい》にしたらもりあがるよ。だれだって、好きなことについて話すのは楽しいからね。一度楽しく話したら、もう友だちだ！

こんなとき16

休み時間にひとりでいる友だちに、話しかけるとき

×

「友だちいないの？」

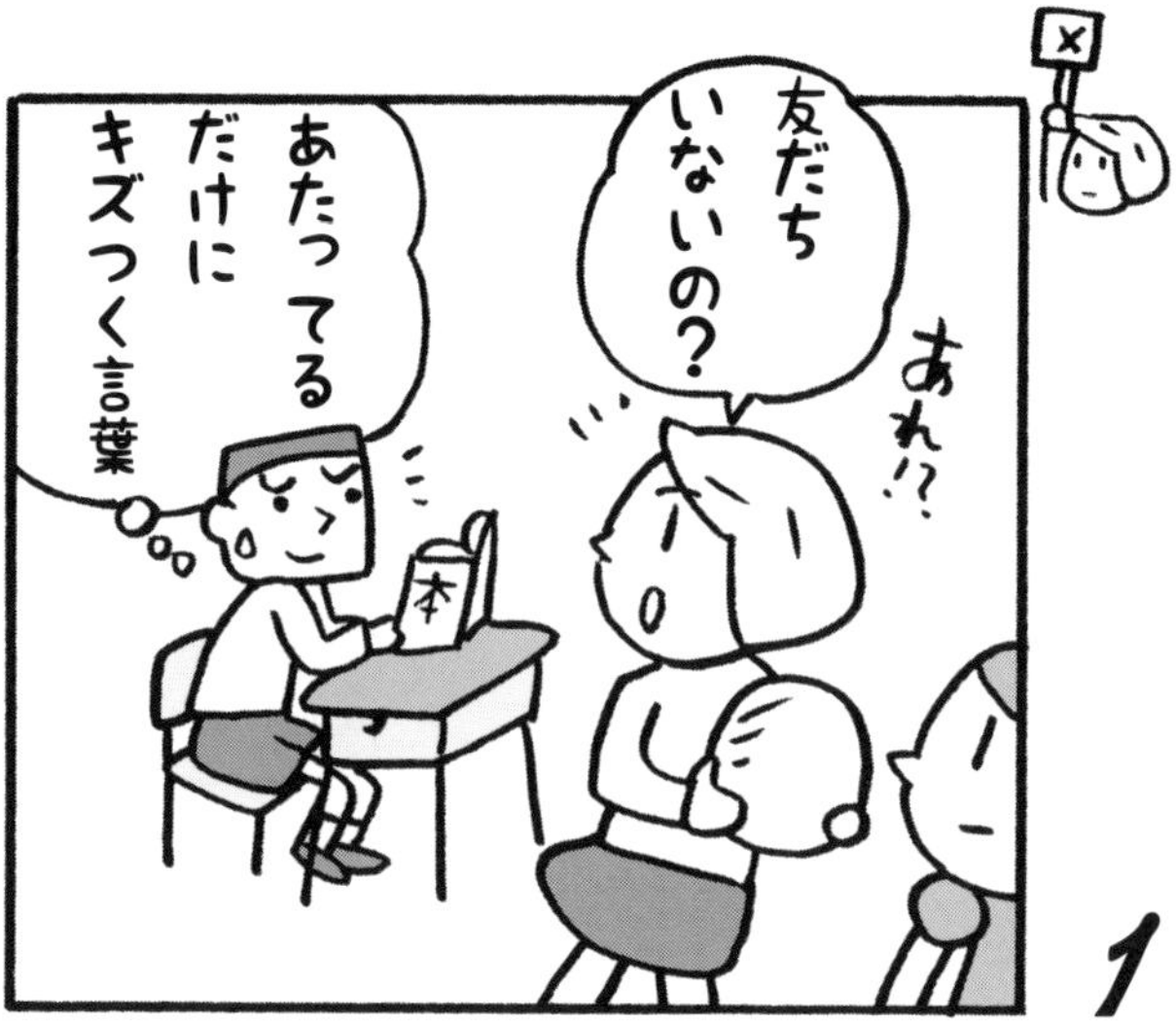

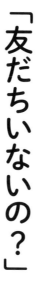

○「いっしょに遊ばない？」

もしキミがひとりでいるとき、友だちが話しかけてくれたらうれしいよね。だから、勇気《ゆうき》を出して話しかけてみよう。いろいろ質問《しつもん》するのは、遊んで仲よくなってから。きっと、自然《しぜん》に話してくれるよ。

友だちはたくさんいるよ！本とか花とか、木とか犬とか…
そうなんだ！
でも、いっしょにドッチボールしない？校庭行こうよ！
2

コラム3

好きなものを話題にすると楽しく話せる

初めて会う人とは、どんな話をすればいいかわからないときがあるね。そんなときは、まず**「なにが好き？」**と聞いてみよう。ゲームでも芸能人《げいのうじん》でも食べものでもなんでもいい。**好きなものを聞かれていやな人はいないから、会話はもりあがるよ！**

おたがいの好きなものを知るためにおススメなのが**「偏愛《へんあい》マップ」**。これは、1枚の紙（A4サイズくらい）に、**自分の好きなもののキーワードを書いていくもの。**できるだけたくさん書き出すことがポイントだよ。絵でもいいし、文字でもいい。人が見てわかるように書ければいいので、自分らしく自由に書こう。**書き終わったら、友だちとマップを交かんして話をしてみよう。**「ピアノが好きなんだ！　何さいから習っているの？」「ウサギが好きなの？　かったことある？」というふうに、**好きなものの話題だったら、楽しくてどんどん話ができる**よね。

偏愛《へんあい》マップは、相手のことだけでなく自分のこともよくわかるようになるから、世界が広がるんだ。

「偏《へん》愛《あい》マップ」を書いてみよう！

とにかく、**好きなものをできるだけたくさん書いてみよう。**

書き方は、「くもの巣型《すがた》」「ジャンル型」などがあるけれど、どんな形式で書いてもOK。まん中に自分自身をかいて、そこから四方八方《しほうはっぽう》に広がるように書くといいかもしれない。

ある学校では、クラス全員で偏愛《へんあい》マップを書いて、それをかべ一面にはりだしたり、先生がコピーしてみんなに配ったりしているんだ。**意外な子と共通点《きょうつうてん》が見つかって仲《なか》よくなれたら、友だちがふえるね！**

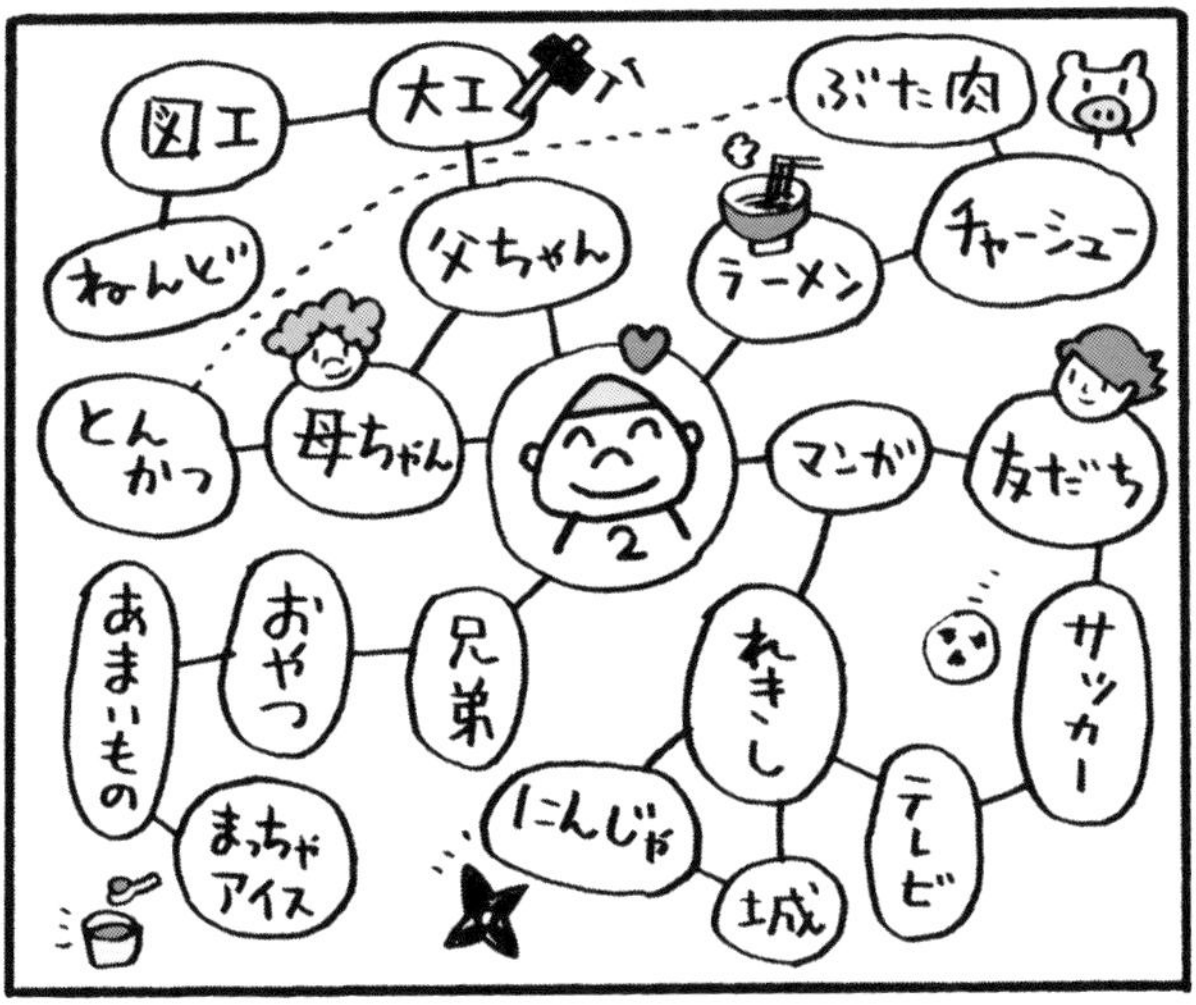

こんなとき17

入院《にゅういん》している友だちに声をかけるとき

×

「顔色、悪いね」

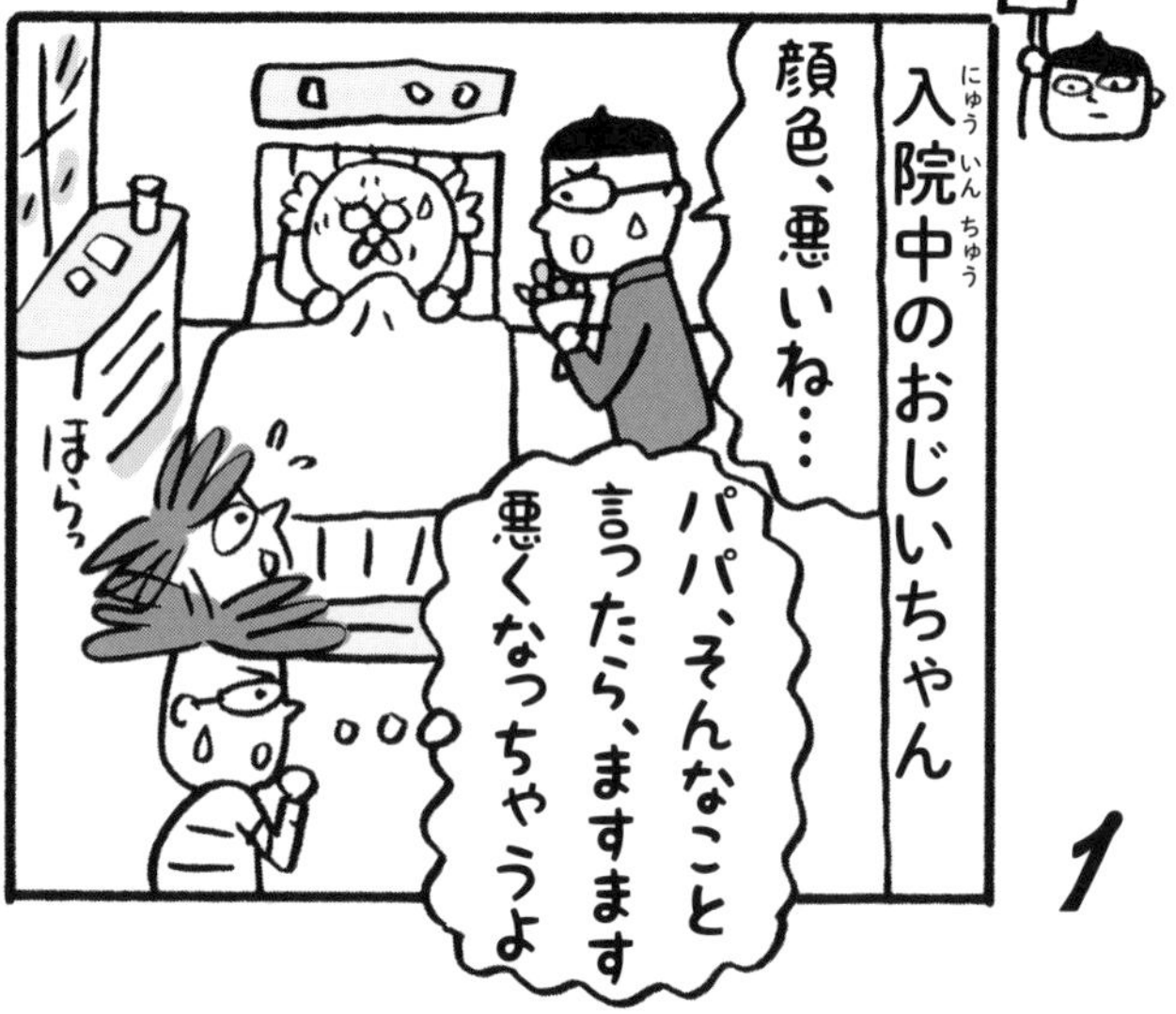

○「元気そうだね」
○「みんな待ってるよ！」

実際《じっさい》に顔色が悪くても、言わない方がいいよ。言うと、気にするかもしれないからね。早く元気になってもらうためには、楽しいことを話そう。みんなが待ってると思えば、入院《にゅういん》生活もがんばれるはず。

こんなとき18

心配してくれた友だちに、お礼を言うとき

×「……（無言《むごん》）」

△「どうも」

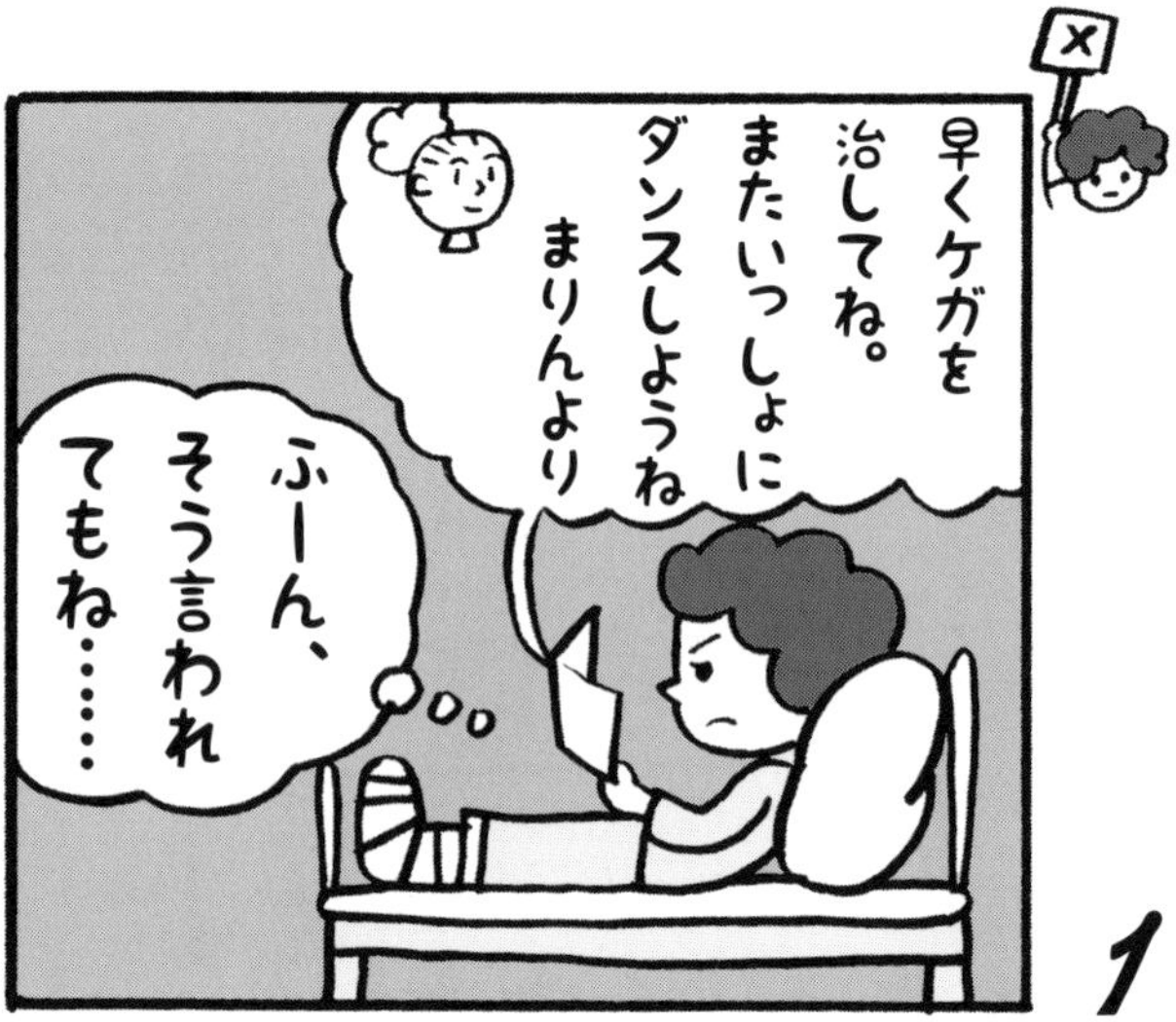

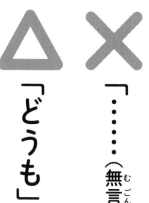

「ありがとう、うれしかったよ！」

「心配してくれてありがとう、声をかけてくれて心強かったよ！」

相手の気持ちがうれしかったら、なにがどううれしかったかを具体的《ぐたいてき》に伝えるといいね。大切な友だちには、気持ちを言葉にのせてきちんと伝えよう。そうすれば、心のきょりがぐっとちぢまるよ。

こんなとき19

友だちのことを心配して、声をかけるとき

✕「くらい顔してるね」

✕「なに落ちこんでるの？」

○「だいじょうぶ？」

○「よかったら話を聞かせて。力になれるかもしれないから」

心配なようすのとき、なんて話しかければいいかなやむよね。相手も、どう話せばいいかわからないのかもしれないから、「力になりたい」というキミの気持ちを率直《そっちょく》に伝えよう。きっと心を開いてくれるよ。

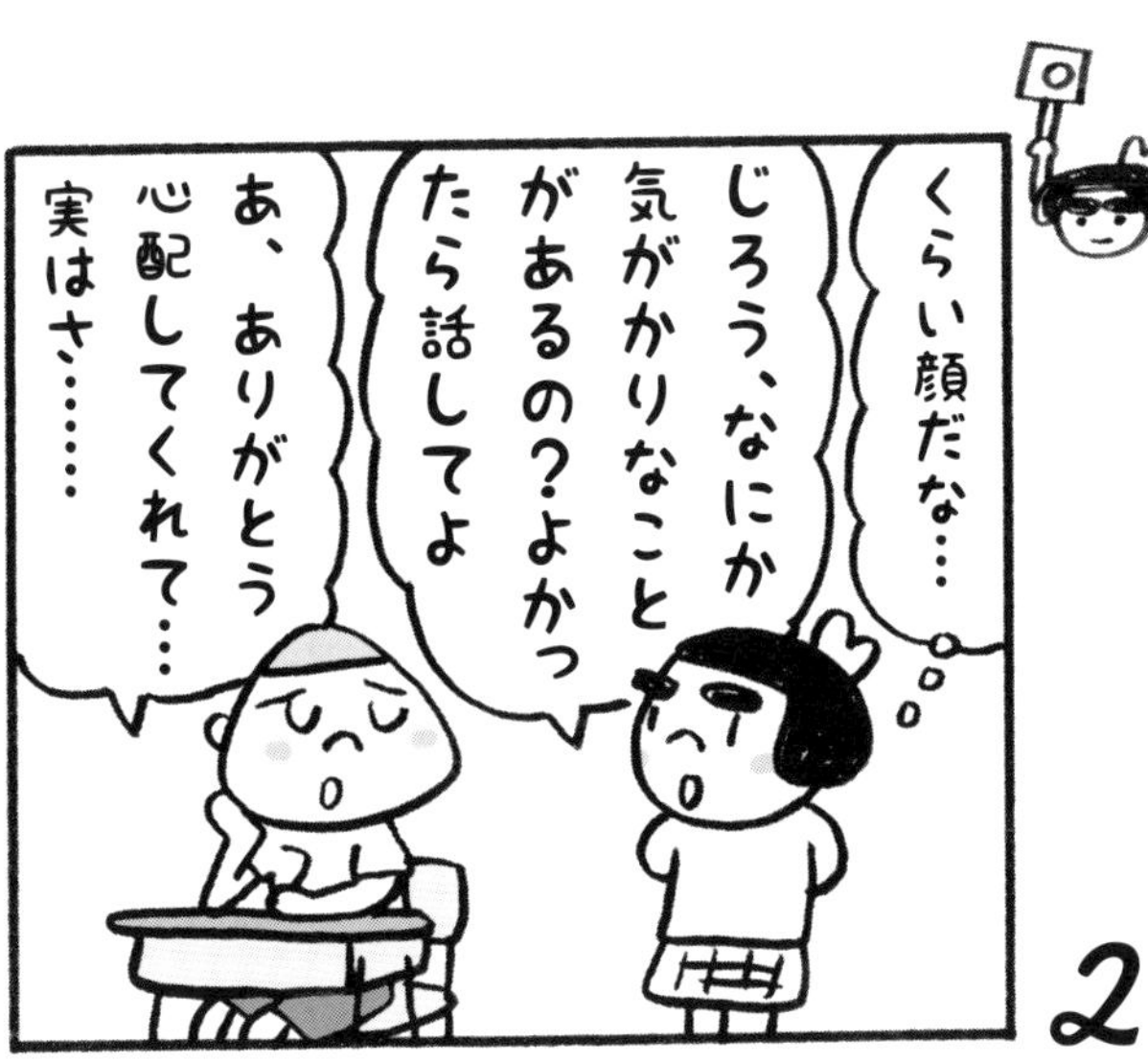
くらい顔だな……
じろう、なにか気がかりなことがあるの？よかったら話してよ
あ、ありがとう心配してくれて……実はさ……

2

こんなとき20

さかあがりができなくてなやんでいる子に、声をかけるとき

✕「こんなのかんたんじゃん」

✕「なんでできないの？」

○「そこはよくなってきたと思うよ！」

○「ここに気をつけてやったらできたよ！」

「できないこと」ではなく「できていること」に注目して声をかけよう。アドバイスをするときは、「こうしなよ」ではなく、「（自分は）こうしてみたらできたよ」と、成功《せいこう》した経験《けいけん》として言うといいね。

2

こんなとき21

友だちとケンカして、仲直りするとき

✕

「……（意地をはって話しかけない、無視《むし》する）」

○「このあいだは言いすぎちゃってゴメンね」

○「きのうのテレビ見た？」

ケンカしたあとは、気まずいよね。だからこそ、思いきって話しかけよう！　すなおにあやまるか、テレビなどの話で自然《しぜん》に声をかけるといいね。気まずいのは相手も同じだから、ちゃんと話してくれるはずだよ。

相手に共《きょう》感《かん》したあとで自分の意見を言う

たとえば、キミが「あしたの遠足、楽しみだね！」と言ったとき、相手が「えー、ぜんぜん楽しみじゃないよ」と言ったらどう思うかな？「そっか、楽しみじゃないんだ……」と暗い気持ちになったり、「楽しみじゃないなんて、なにかイヤなことでもあるのかな」と心配になったりするかもしれない。どちらにしても、楽しい会話が続かなくなるね。

　会話では、相手と自分の意見がちがうことはよくあるもの。でも、**「ちがう！」と言ってしまったら会話はストップしてしまう。それに、相手もイヤな気持ちになってしまう。**キミが「ちがうと思う気持ち」を曲げる必要はないけれど、**相手の意見や考えは尊重《そんちょう》してあげたい。だから、「そうなんだ、あなたはそう思ったんだね」と、まずは共感しよう。**

　話す人は、わかってもらえた、と感じるとうれしいものなんだ。ちがう意見を持っていたとしても、まずは**「そうなんだね」「そう思ったんだね」と共感してから、自分の意見を言うといいよ！**

コミュニケーション格《かく》言《げん》 3

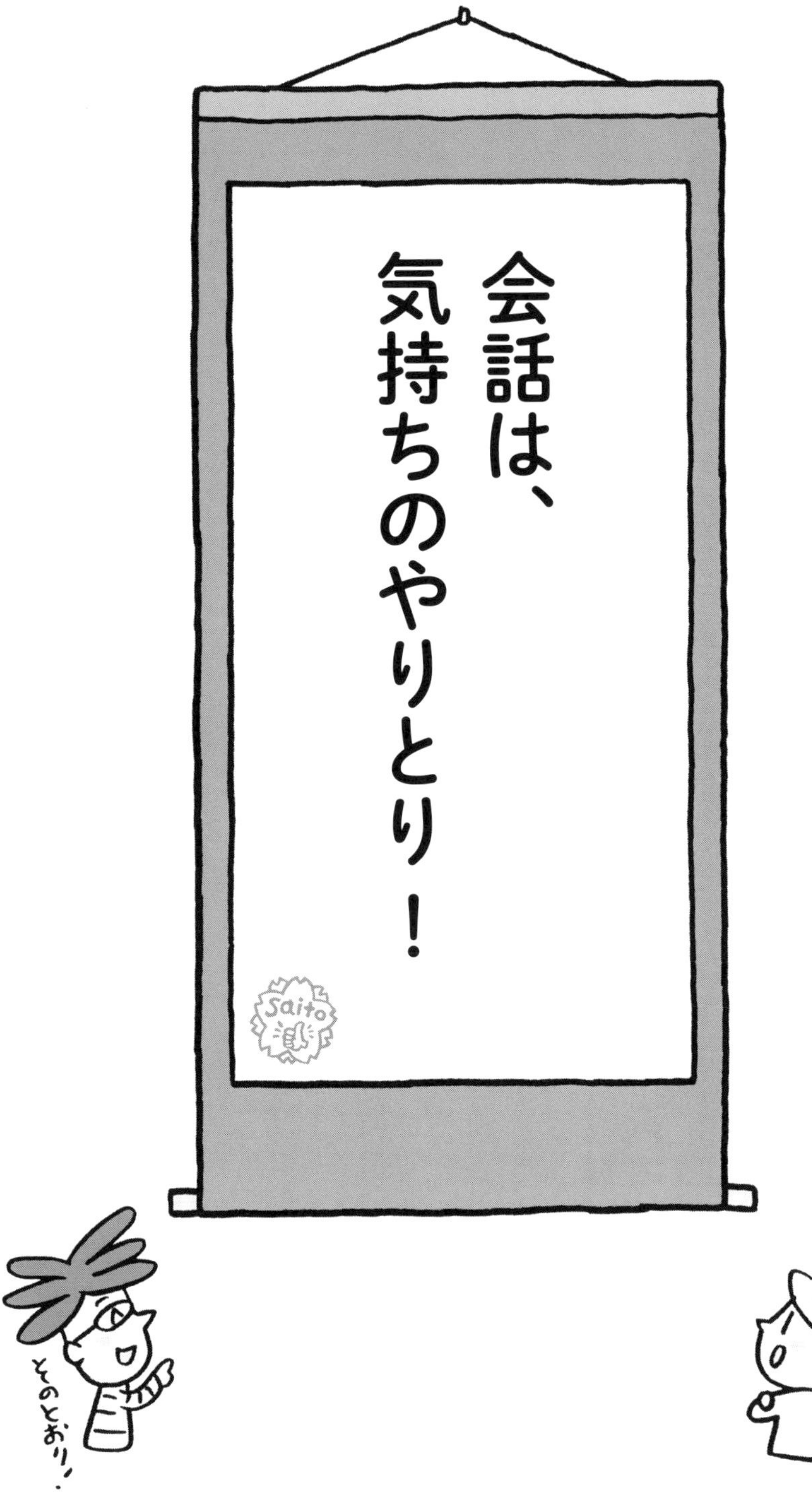

こんなとき22

図《と》書《しょ》館《かん》でさわいでいる人に、注意するとき

×「うるさい！」

△「しずかにして！」

図《と》書《しょ》館《かん》にて
ペチャクチャ
うるさい！しずかにして！
言ったあとっていやな気持ちになって集中できない…
1

○「ここ図書館《としょかん》だから、しずかにしてね」

○「『しずかに』って、はり紙に書いてあるよ」

人に注意するときに、いきなり「うるさい！」と言ったら〝ぎゃくギレ〟されるかもしれないので、相手が「たしかにそのとおり」とわかってくれる言い方をするといいよ。〝はり紙〟と言われたら、相手も反論《はんろん》できなくなるね。

あ、ごめん…
やさしく注意してみよう
ここ図書館だからしずかにしてね！
これでよし！

2

こんなとき23

図書館《としょかん》でさわいでいて、クラスメイトに
注意されたとき

×「うるさいなぁ」

×「なに、えらそうに」

○「ごめん、気をつけるよ」

○「ごめん、うっかりしてた」

自分が注意されたときは、すぐにあやまろう。あやまるとともに、「気をつけるよ」という反省《はんせい》の言葉も伝えるといいね。注意する人は、言いにくいことを勇気《ゆうき》を出して言ったのだから、すなおに答えよう。

こんなとき24

教科書をわすれたら、となりの子が見せてくれたとき

✕「……（無言《むごん》）」

✕「あ……」

○「ありがとう、助かった！」

○「かたじけない（笑）」

親切《しんせつ》にされたら必ずお礼を言おう。もし、お礼を言うのがはずかしいなと思ったら、時代劇《じだいげき》みたいに「かたじけない！」と言ってみよう。これは「おそれ多い」という昔の言葉。ユーモアで言うとなごむね！

こんなとき25

友だちが引っこすとき

× 「……（無言《むごん》）」

△ 「じゃあね、バイバイ」

○「元気でね、また
ぜったい会おうね！」

○「いっしょに
合唱《がっしょう》コンクールの
練習したこと、
わすれないよ！」

はなれていく友だちは、さびしさと不安をかかえているはず。楽しかった思い出の話をしたり、「これからも友だちだよ」という気持ちを伝えて、安心させてあげたいよね。わかれは悲しいけれど、笑顔《えがお》で見送ろう！

こんなとき26

転《てん》校《こう》した学校で、新しいクラスに入ったとき

×

「……（聞かれても返事をしない）」

○「あの先生って、どんなかんじ？」

○「音楽室ってどこ？」

新しいクラスで友だちを作る最大《さいだい》の作戦《さくせん》は、聞きまくること。わからないことがたくさんあるのだから、どんどん話しかけて質問《しつもん》していいんだ。すなおに聞いてくる人には、みんな親切《しんせつ》に教えてくれるよ。

あいさつができると信頼《しんらい》される

学校や家で、ちゃんとあいさつをしているかな？　「親しき仲《なか》にもれいぎあり」という言葉があるように、**親しい人同士でもあいさつという「れいぎ」をつくすことが大切だ**よ。

学校では同じ年の友だちとすごすことが多いけれど、大人になって社会に出てはたらくようになると、年上の人や年下の人、あるいは初めて会う人といっしょに仕事をするんだ。いろんな人がいて、いろんな考え方をする人がいる。その中で**信頼《しんらい》してもらうには、まず自分からあいさつをきちんとすること。「おはようございます！」「ありがとうございます！」「よろしくお願いします！」**と、元気なあいさつが大切なんだ。**あいさつができる人は、就職面接《しゅうしょくめんせつ》でも採用《さいよう》される**よ。

相手の目を見て、笑顔《えがお》で元気にあいさつができる人は、やる気があって信頼できると思われるし、いっしょに仕事をしたいと思ってもらえるはず。そのためにも、今から**あいさつの習慣《しゅうかん》をつけよう！**　家族にも朝、起きたら、あいさつしよう。

じつは、聞き上手こそが話し上手

　テレビで芸人さんたちのトークを聞いていると、おもしろい話をする人が人気者になると思うかもしれない。たしかにそういうこともあるけれど、ふつう、まわりにプロの芸人さんほどおもしろい人はなかなかいないよね。

　会話をしていて好かれる人、また話したいと思われる人というのは、じつは、**話を聞くのが上手な人**なんだよ。

「**えーっ?!　それでどうしたの？**」

「**ホントに？　それはたいへんだったね。そのあとどうなったの？**」と、こちらの話をおもしろそうに聞いてくれて、なおかつどんどん、その先の話を聞きたいと言ってくれる。そういう人は、話していて楽しいと思われるし、また話したいと思われるものなんだ。

　上手に話すことも大事だけど、聞く力、「**質問力**《しつもんりょく》」も大事。「それでどうしたの？」とぐいぐい聞くことは、その話をきょうみ深いと思っているという意思表示《いしひょうじ》でもあるんだよ。

　これも「**共感力**《きょうかんりょく》」の一つだね。

こんなとき27

友だちが「好き」と言ったものが、
自分は好きではないとき

×「そんなのどこがいいの？」

×「それより
こっちの方がいいよ」

△

「へぇ～、そうなんだ」

○

「なるほどね、どこがいちばん好きか教えて！」

友だちと仲よくするポイントは、自分が好きかどうかはべつにして、相手がきょうみのあることで話がもりあがること。そのためには、そのことが好きな理由や好きになったきっかけなどを聞くといいよ。

こんなとき28

友だちから「これ、おもしろいよ」と、すすめられたとき

✕「いや、きょうみない」

✕「ふーん」

○「へえ〜、そんなにおもしろいんだ。どんな感じ？」

○「へえ〜、ちょっと見せて！」

友だちがすすめてくれるということは、キミのためにもいいと思ったからだよね。まずは、その気持ちを受けとろう。うれしそうに「どんな感じなの？」と聞けば、友だちもよろこんで教えてくれるよ。

こんなとき29

もらったプレゼントが、気に入らなかったとき

✕「これ、好みじゃない」

✕「これ、持ってる」

○

「ありがとう、使ってみるね！」

もしプレゼントが気に入らなくても、それをくれた友だちの気持ちはありがたいと思うよね。お礼の気持ちをちゃんと伝えながら、相手の好意《こうい》にこたえて、「使ってみるね」と、ひとことそえよう。

こんなとき30

友だちが、着ている服をけなされて、きずついているとき

✕「……(無言《むごん》)」

✕「たしかにちょっと……」

○

「ぜんぜんヘンじゃないよ、いいと思うよ！」

目の前できずついている人がいたら、すかさず「いいと思うよ！」とフォローしよう。なにも言わずにいると、キミもヘンな服だと思っているんだと思わせて、友だちを悲しませることになるよ。

2

〝ほめコメント〟はよろこばれるおくり物

人からほめられたり、「いいね!」と言われたりしたらうれしいよね。それは、子どもも大人も同じ。**人がよろこぶ〝ほめコメント〟を、たくさん伝えてみよう。**

〝ほめコメント〟は、ちょっとしたことでいいんだ。「きょうの服、にあってるね!」「消しゴム、かしてくれて、助かった!」「同じグループになれて、よかった!」など、〝あなたはGOOD《グッド》!〟というメッセージが相手に伝われば十分なんだ。**一日十人に〝ほめコメント〟**を伝えると決めてチャレンジしてみるといいよ。**人をほめようと思うと、人のいいところをさがそうとするから、友だちのことを理解《りかい》するようになるし、いいところが見つかれば、仲よくしたくなる。**そうすれば、知らず知らずのうちに友だちがふえるね。

今は、お金をはらえばたいていの物が手に入る時代。ということは、物をもらってもそれほどありがたみがないとも言えるよね。お金では買えない**〝ほめコメント〟を、たくさんの人にプレゼントしよう!**

「ほめる」「アドバイス」のサンドイッチ

鉄ぼうやとびばこ、算数の計算問題など、できない友だちがいたら、「こうするといいよ」とアドバイスしたくなるよね。それは、とてもいいことだよ。でも、がんばってもできない人は、「そんなこと言われたって……」と思ってしまうかもしれない。「こうした方がいいよ」というアドバイスを、「そんなやり方じゃダメだよ」と受け取ってしまうかもしれない。

アドバイスするときは、まず相手の“できているところ”“いいところ”を伝えることから始めよう。「ふみきりのタイミングは、すごくいいよね」「計算式をきれいに書くね」と言ったあとで、「ここをこうすると、もっといいと思う」「こうやったら(自分は)できるようになったよ」とアドバイスをして、できるようになったら「**すごい！　できたね！**」といっしょによろこぼう。ポイントは、「**いいね！**」**と、サンドイッチにすること。**「**いいね！→アドバイス→いいね！**」アドバイスを間にもってくることで、よろこんで話を聞いてもらえるよ。

こんなとき31

いじめられている友だちを見たとき

×

「……（見て見ぬふり）」

○「やめなよ、イヤがってるじゃん」

○「（先生に報《ほう》告《こく》する）」

イジメは、見て見ぬふりをしてはいけない。気づいたときに、すぐなんとかしなくてはならないんだ。「やめなよ」と言えればいいけれど、言えないときはすぐ、先生に報告《ほうこく》しよう。大人にまかせるのがいちばんだ。

こんなとき32

いじめられていそうなクラスメイトに、話しかけるとき

✕

「……（かかわらない）」

○「なにをしているときが楽しい？」

○「なにかイヤなことされてない？」

イジメを受けているクラスメイトには、楽しい話題で話しかけよう。イジメのことを話題にされてもうれしくないはず。もしイジメのことを聞くなら、「イジメ」と言うと話しにくいから、「イヤなこと」と言いかえるといいね。

こんなとき33

クラスメイトから、無視《むし》されたと感じるとき

×

「（きずついて落ちこむ）」

転校《てんこう》してきて三カ月。
最近《さいきん》、ぼくはクラスメイト
から無視《むし》されてるようだ。
このクラスに
存在《そんざい》して
いないかのようだ……
つらい、さびしい……
すごく落ちこむ……
1

〇「なんで無《む》視《し》するの？」

〇「（無視しない子に話しかける）きょうの体育、なにかなあ？」

無《む》視《し》はイジメの始まりだから、なやんで落ちこんだままでいるのはよくないよ。クラスの中には無視しない子もいるはずだから、その子に話しかけよう。一人でかかえこまずに、べつの子や親に相談しよう。

2

こんなとき34

「○○（人の名前）を無視《むし》しようよ」と言われたとき

××「……うん」

×「……（無言《むごん》）」

「そんなことしたら○○がかわいそうだから、やめようよ！」

「己《おのれ》の欲《ほっ》せざるところを人にほどこすことなかれ、だよ！」

イジメのさそいを受けたら、キッパリとことわることがだいじ。無言《むごん》だと、いいと思っていると思われてしまうよ。「やめようよ」と言いにくかったら、「己《おのれ》の～」という孔子《こうし》の『論語《ろんご》』の言葉をかりて言おう！

イジメはひとりでなやんでいてはダメ！

もし、学校でイジメられていると感じることがあったら、**すぐに親に相談しよう。**

自分ひとりでなやんだり、ツライ気持ちをかかえこんだりしていたら、ぜったいにダメだよ。

親に相談したら心配させてしまうから、相談しないというのはまちがい。親はキミのいちばんの味方なんだ。キミが苦しんでいることを話してくれないほうが、親にとってはツライことだよ。**話を聞かされた親は解決《かいけつ》できるように行動してくれるよ。**

学校はイジメが起こってはいけない場所。**イジメは、イジメる人のほうがぜったいに悪いんだよ。**イジメられる自分にも理由があるとか、自分にも悪いところがあるなんて思わなくていい。もし相手に悪いところがあったとしたら、「こういうところはよくないと思う」「ごめん、そこは直すよ」と、おたがいに話しあって解決《かいけつ》するべきなんだ。それをイジメという形で解決しようとするのは、まちがっているんだよ。

勇気《ゆうき》を出して、すぐに親に話そう。

コミュニケーション格言《かくげん》 4

こんなとき35

異性《いせい》から告白《こくはく》されて、ことわるとき

×「好みじゃないから」

×「えー、キモい」

○「ごめん、ぜんぜん考えてなかった」

○「クラスメイトってことで」

告白《こくはく》は勇気《ゆうき》がいること。思い切って言ってくれた気持ちは大切にしよう。ことわるときも「イヤだ」と直接的《ちょくせつてき》な表現《ひょうげん》だと相手のショックが大きいので、友だちとして今までどおりに、という気持ちを伝えるといいね。

こんなとき36

「マンガをかして」と言われたけれど、かしたくないとき

×「かしたくない」

△「まだ読んでるとちゅうだから」

○「ごめん、これ、家族で買ったものだからかせないんだ」

○「これは気に入っているから、ごめん」

友だちのたのみはことわりにくいけれど、ダメなものはダメと伝えよう。「読んでるとちゅう」と言うと「読み終わったらかして」と言われてしまうから、「家族の持ち物なんだ」とか、正直に「ごめん！」と言った方がいいね。

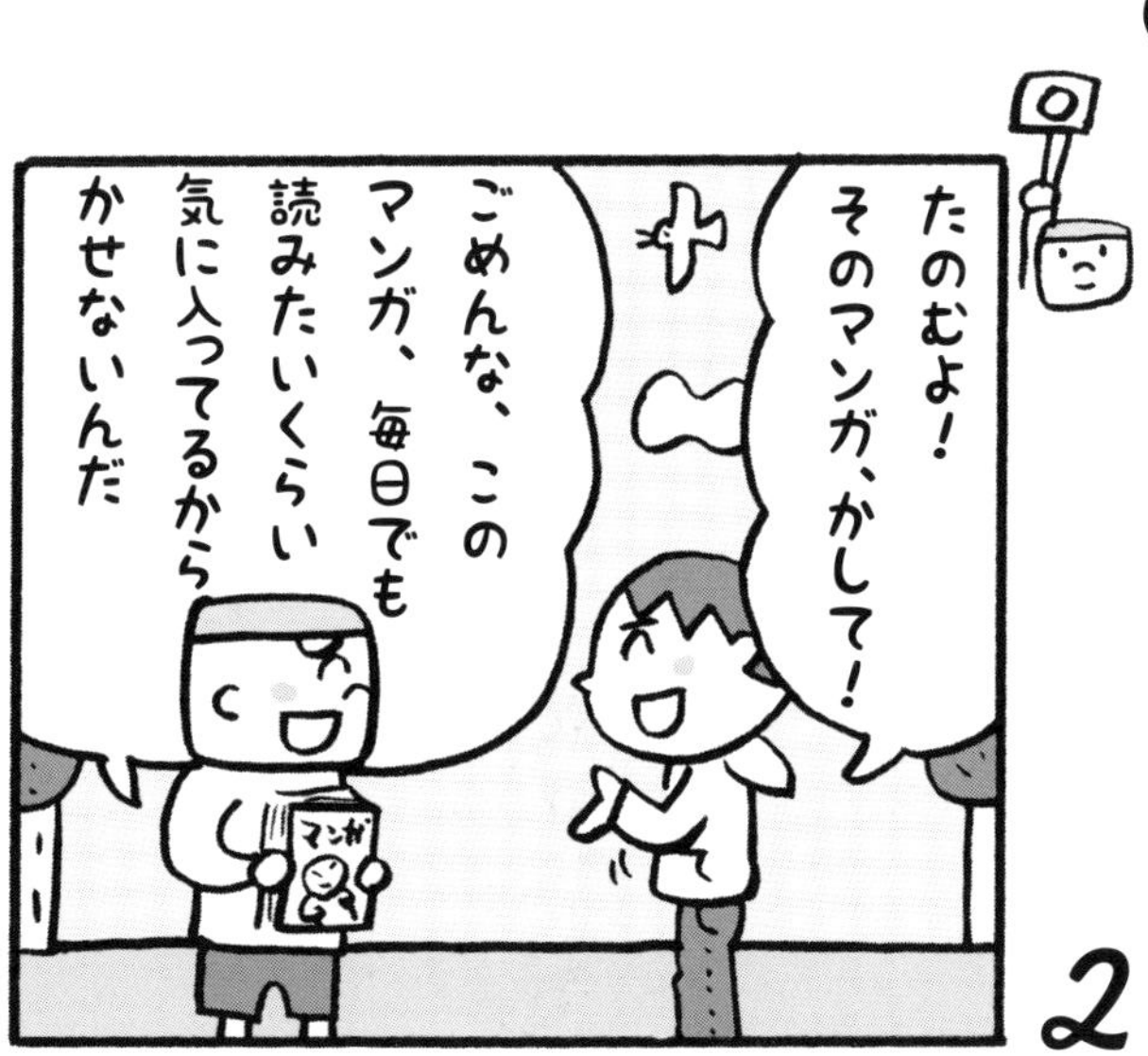
たのむよ！ そのマンガ、かして！
ごめんな、このマンガ、毎日でも読みたいくらい気に入ってるからかせないんだ
マンガ
2

こんなとき37

「お金をかして」と言われたとき

×× 「いくら？」

× 「返してくれるなら……」

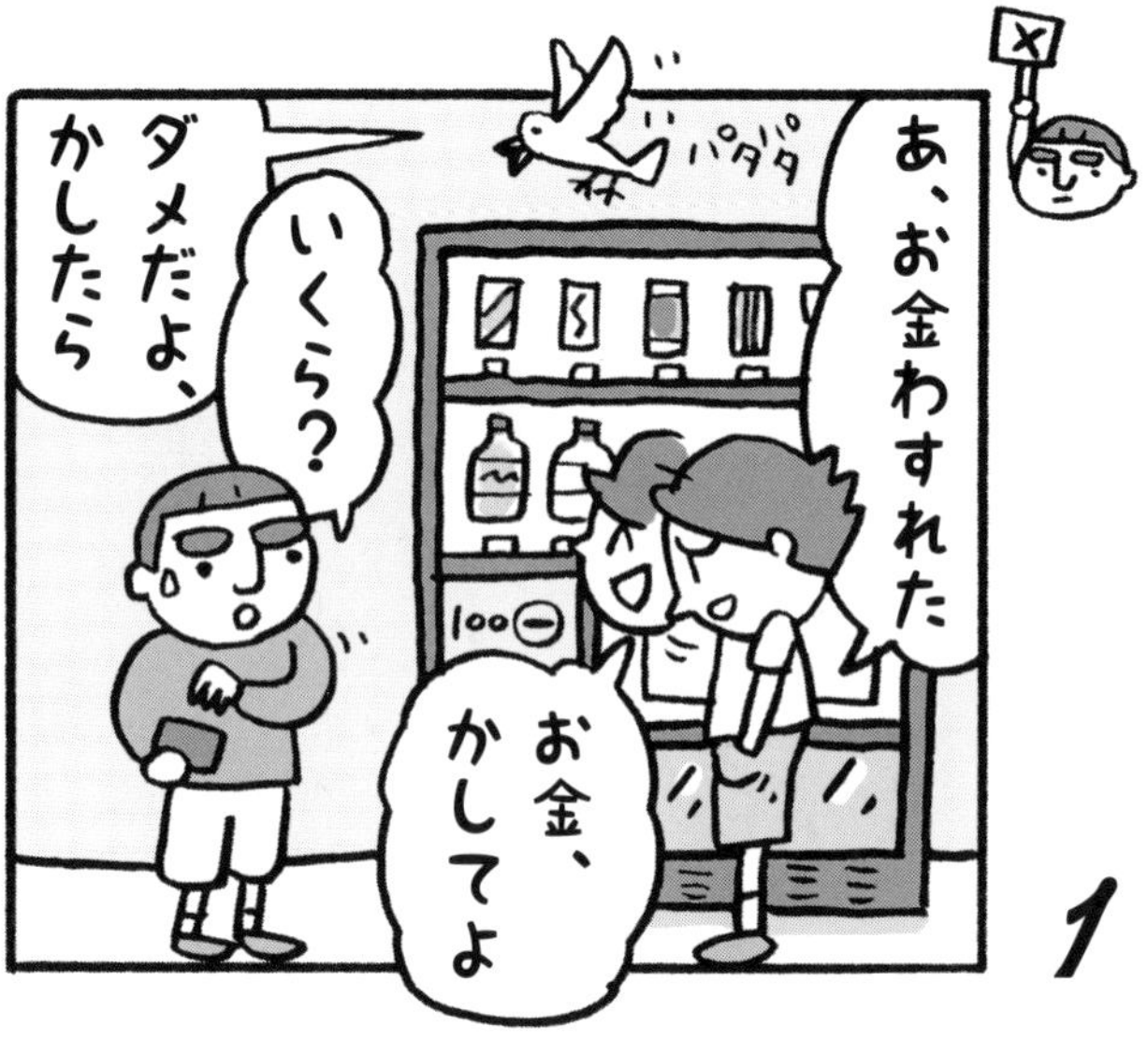

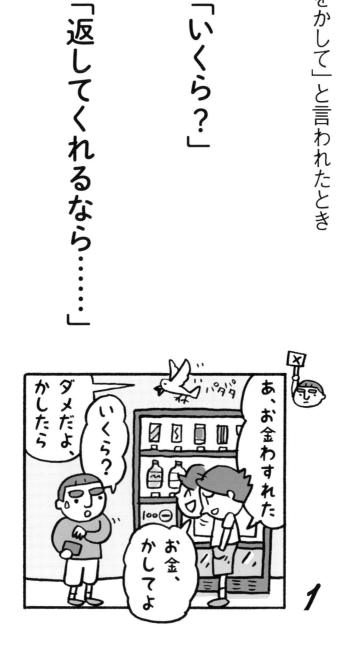

△

「自分のお金なんて持ってないよ」

○

「お金のかしかりはいけないって、家で言われてるから！」

子ども同士でのお金のかしかりは、どんな理由があってもいけない。「家でダメだと言われている」とぜったいにことわるべき。それでも聞いてくれないようなら親に言って、親同士で話をしてもらうようにしよう。

こんなとき38

先生から「質問《しつもん》はありますか？」と聞かれたとき

✕「……（無言《むごん》）」

✕「とくにありません」

○

「〜について、教えてください（あらかじめ質問《しつもん》を考えておく）」

質問《しつもん》する人は「わかっていない人」と思っていないかな？　新しいことを知ると、新たな疑問《ぎもん》が出てきて、関連《かんれん》するいろんなことを知りたくなるのが知《ち》的好奇心《てきこうきしん》。「もっと知りたい」と思うことをどんどん質問しよう！

こんなとき39

学校にちこくして、先生に注意されたとき

✕

「おかあさんが起こしてくれなかったから」

○

「すみません、ねぼうしました。これから気をつけます！」

登校時間までに学校に行くのは、小学生としてあたり前のこと。ちこくはキミ自身の責任《せきにん》だ。決してほかの人のせいにしてはいけないよ。もしちこくしたら、すなおにあやまって反省《はんせい》しよう！

こんなとき40

わすれ物をして、先生にしかられたとき

✕「持ってきたはずなんですけど……」

✕「どうして入ってないんだろう……」

○

「すみません、わすれてしまいました。つぎから確《かく》認《にん》します！」

授業《じゅぎょう》に必要《ひつよう》なものをわすれずに持っていくのも、キミの役目。言いわけせずにいさぎよくあやまろう。そして、つぎからは気をつける、という気持ちも声に出して言うといいね。

こんなとき41

先生に「よくがんばったね」と ほめられたとき

× 「……(てれて無言《むごん》)」

△ 「あ、はい」

○
「ありがとうございます！うれしいです。先生のおかげです」

キミの努力《どりょく》を見ていた先生がほめてくれたんだから、なにも言わないでいるのは失礼にあたるよ。ほめてくれたことへのお礼と、そして結果《けっか》が出てうれしい、ということを元気よく伝えよう！

こんなとき42

先生に指導《しどう》してもらって、できたとき

✕

「……（無言《むごん》）」

△

「あっ、できた」

○「先生に教えてもらったとおりにやったら、うまくいきました！ありがとうございました！」

できるようになったのはキミの努力《どりょく》のたまものだけど、協力してくれた人の〝おかげ〟であることをわすれてはいけない。教えてくれた先生に、「先生のおかげです」という感謝《かんしゃ》の気持ちを伝えよう！

こんなとき43

先生に「今回はおしかったね、つぎはがんばろう」とはげまされたとき

✕

「ふう……（ため息をつく）」

△

「あ、はい」

○「はい、つぎはがんばります！」

○「ダメだったところを見直して、つぎはがんばります！」

がっかりする気持ちはわかるけれど、キミのことをねぎらって声をかけてくれた先生には、元気よく返事をしよう。一度くらい失敗《しっぱい》したって、つぎにがんばればいいんだよ！

2

こんなとき44

先生にわからないところを、教えてもらったとき

×「どうも」

○「ありがとうございました！　とてもよくわかりました」

○「モヤモヤしていたのがスッキリしました。ありがとうございました！」

お礼を言うのはもちろんだけど、先生の指導《しどう》のおかげで、なにがどうわかるようになったかを具体的《ぐたいてき》に言うと、より感謝《かんしゃ》の気持ちが伝わるね。先生だって、生徒の役に立てたらうれしいものなんだよ。

こんなとき45

前の担任《たんにん》の先生にひさしぶりに会ったとき

✕ 「……（無言《むごん》）」

△ 「あ、どうも（頭を下げる）」

「こんにちは！おひさしぶりです」「先生、あのときのクラス、楽しかったですね！」

ひさしぶりに会った先生には、自分から元気にあいさつをしよう！　そのときのクラスの楽しかった思い出など、共通《きょうつう》の話題がいいね。それができたら、キミの成長ぶりを知って先生もよろこぶよ。

コラム11

よりよい工夫を考えよう！

「こんなとき、いいアイデアがあれば、この問題を解決《かいけつ》できるのに」と思った経験はだれでもあると思う。

どこでも、**アイデアが出せる人はみんなからよろこばれる**ね。物事を解決したり、もっとよくなるように工夫するアイデアがあるということは**問題解決力**があるということ。

たとえば、「そうじを早く終わらせる方法」についてだったら、「机とイスを運ぶ係と床をふく係をわける！」「毎日タイムを計って時間を意識《いしき》する！」、あるいは「10分休みに少しずつやる！」というのでもいいよね。アイデアだからどんなことでもOK。ほかの人のアイデアに刺《し》激《げき》を受けて、自分でもアイデアを出せば、みんなのアイデアがつながって、もっといいものになっていくよ。

「とくにありません」「思いつきません」と言わなくていいように、**いつもアイデアを考えているといいね。**

とっさにすばらしいアイデアを提案できたら、キミも気持ちいいし、まわりの人もびっくりしてよろこんでくれるよ。

コミュニケーション格言《かくげん》5

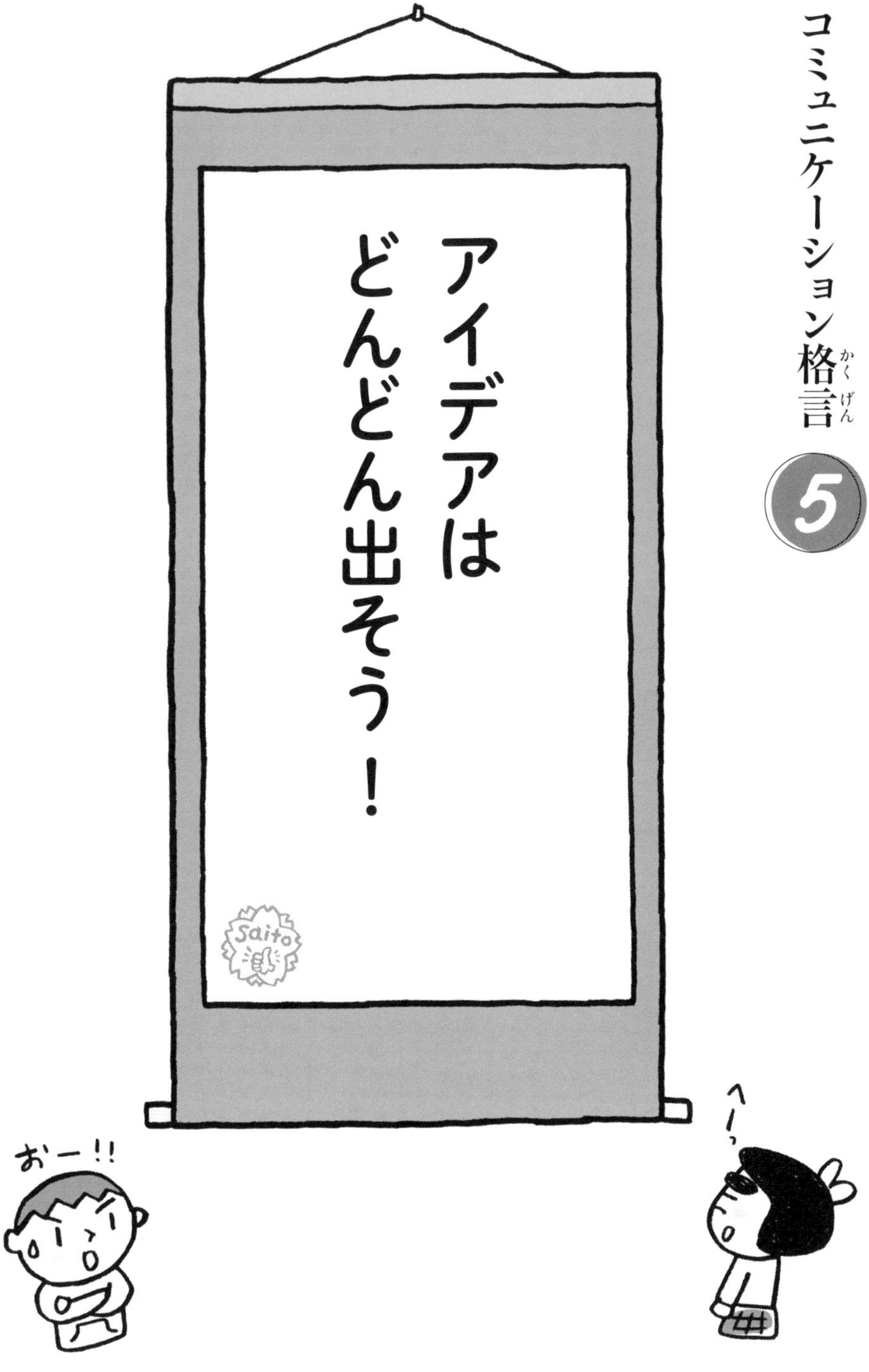
アイデアはどんどん出そう！
Saito
おー!!
へー

何気《なにげ》ない話をする雑談力《ざつだんりょく》を身につけよう

話がとぎれて、気まずくなったことはないかな?

人間関係ではなごやかに会話が続くことがとても大事なんだ。「話すべきことがあるから話す」とか「用事があるから話す」だけではないよ。とりとめのない内容《ないよう》を話すことを「**雑談**」というんだけど、この雑談は**人と人のいい関係をきずくうえでとても大事な役割《やくわり》がある**よ。

雑談を続けるコツは「うん」「そうだね」というあいづちだけでなく、「うん、昨日の宿題はむずかしかったよね」「むずかしかったね。どこがいちばん、むずかしかった?」と、**言葉をたしたり、質問《しつもん》していくこと。短い言葉で会話をしない、というのが雑談のありかた**なんだ。

友だち同士ならできても、先生や親せきのように相手が大人だと雑談はむずかしいと感じるかもしれない。でも大人は子どもの話を聞きたいと思っているものだよ。大いにキミの「**雑談力**」をためしてみよう! ただ、知らない大人とは親しく話してはいけない。「**注意力**」も必要《ひつよう》だよ!

コミュニケーション格言《かくげん》6

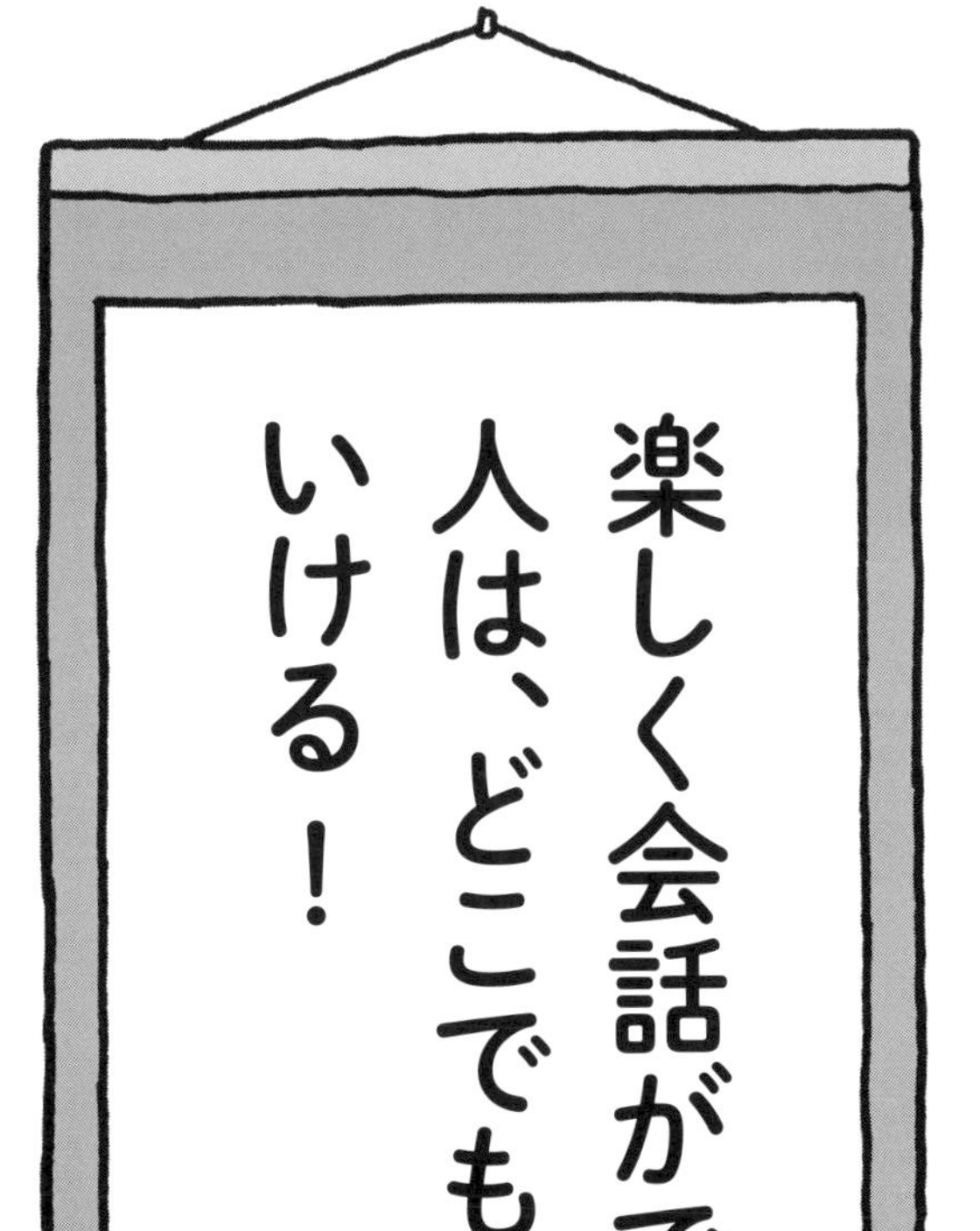
楽しく会話ができる
人は、どこでも生きて
いける！
Sai to

そうか！

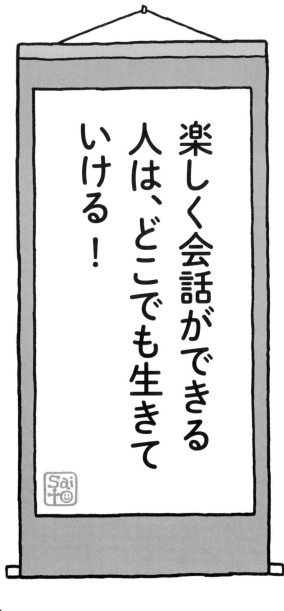

ほーっ

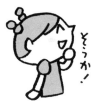

自分のためにしてくれたことにこたえる

　会話は、言葉をやりとりすることだよね。でも、本当はもっと大事なものをやりとりしているんだ。それは〝気持ち〟。人間は、言葉を道具**にして、気持ちをやりとりしている**んだね。

　友だちの家に遊びに行ったとき、おうちの人が「よかったら、食べてね」とキミのきらいなおかしを出してくれたらどうするかな？「きらいなのでいりません」とは言わないよね。

　大切なことは、キミがよろこぶと思っておかしを出してくれたという**〝気持ち〟を感じる**ということなんだ。もちろん、キミがそのおかしをきらいだということは知らないから、「おいしいので、どうぞ」と思ってくれたんだよね。自分のことを思ってしてくれた**〝気持ち〟には、きちんと〝気持ち〟でこたえる**ことが大事なんじゃないかな。

　どんなときでも本音を言えばいいというものではないのが人間関係。こういうときは「ありがとうございます。いただきます！」と食べよう。

コミュニケーション格言《かくげん》 7

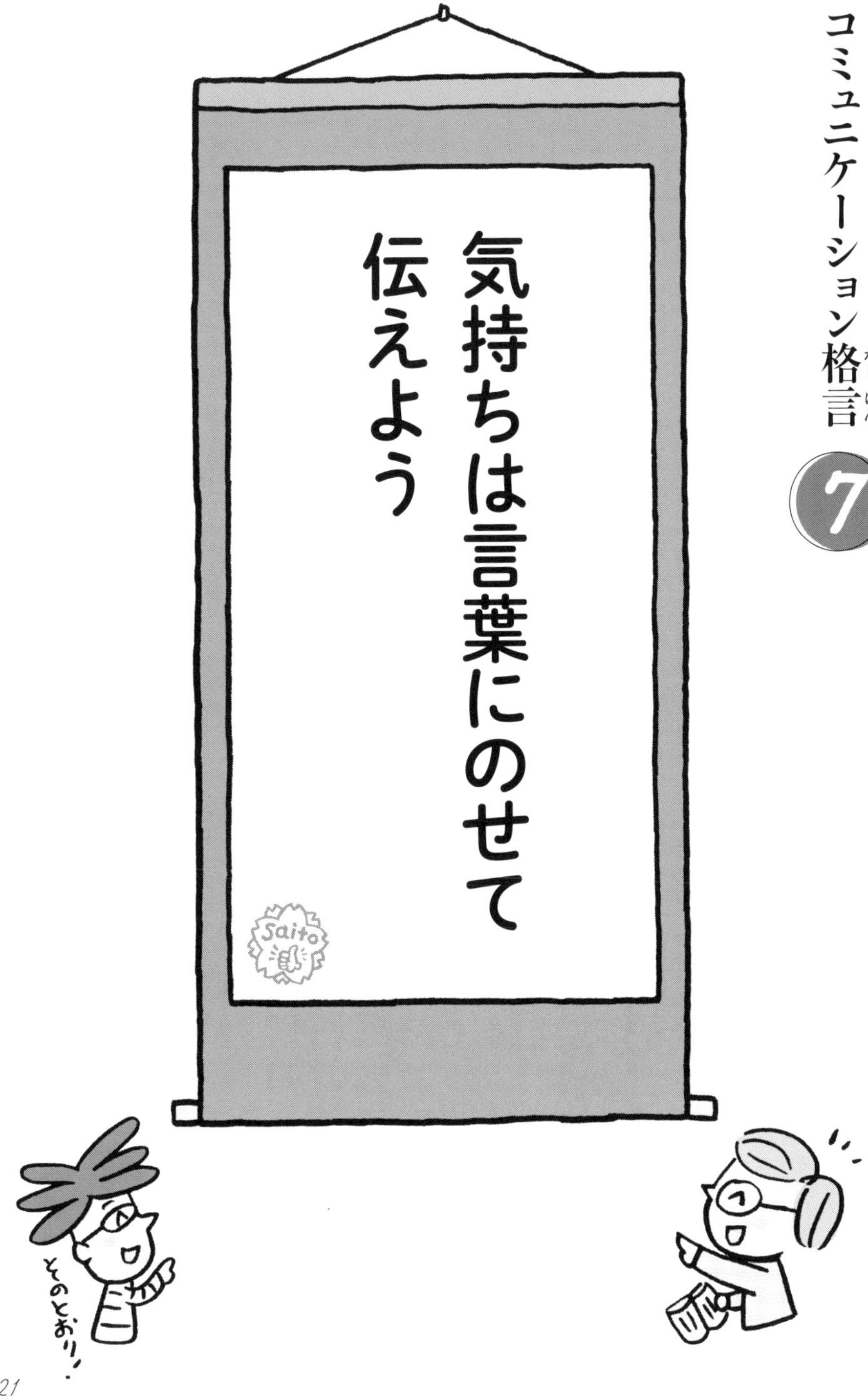

こんなとき46

友だちの家にあがるとき

×「……（無言《む　ごん》）」

×「げんかん、せまいね」

×「ちらかってるね」

△「どうも」

○「こんにちは！おじゃまします」

よその家にまねかれたときは、「おじゃまします」と言うのがれいぎ。はじめのあいさつは、明るく元気にね。もし、せまいとか、ちらかってると感じてもぜったいに口には出さない。それもれいぎのひとつだよ。

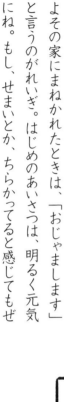

こんなとき47

友だちの家でごちそうになったとき

×× 「……（無《む》言《ごん》）」

○ 「ごちそうさまでした」

◎

「ごちそうさまでした。とてもおいしくてたくさん食べちゃいました！」

◎

「おいしかったです！　お料理《りょうり》がじょうずですね」

「ごちそうさまでした」だけでも、れいぎとしては十分。でも、ここではワンランク上の話し方を目指したい！　「たくさん食べた」「料理《りょうり》がじょうず」と言うと、料理した人は、作ったかいがあったとよろこんでくれるよ！

2

こんなとき48

友《とも》だちの家《いえ》ですすめられた食《た》べものが、きらいなものだったとき

✕

「これ、きらいなんです」

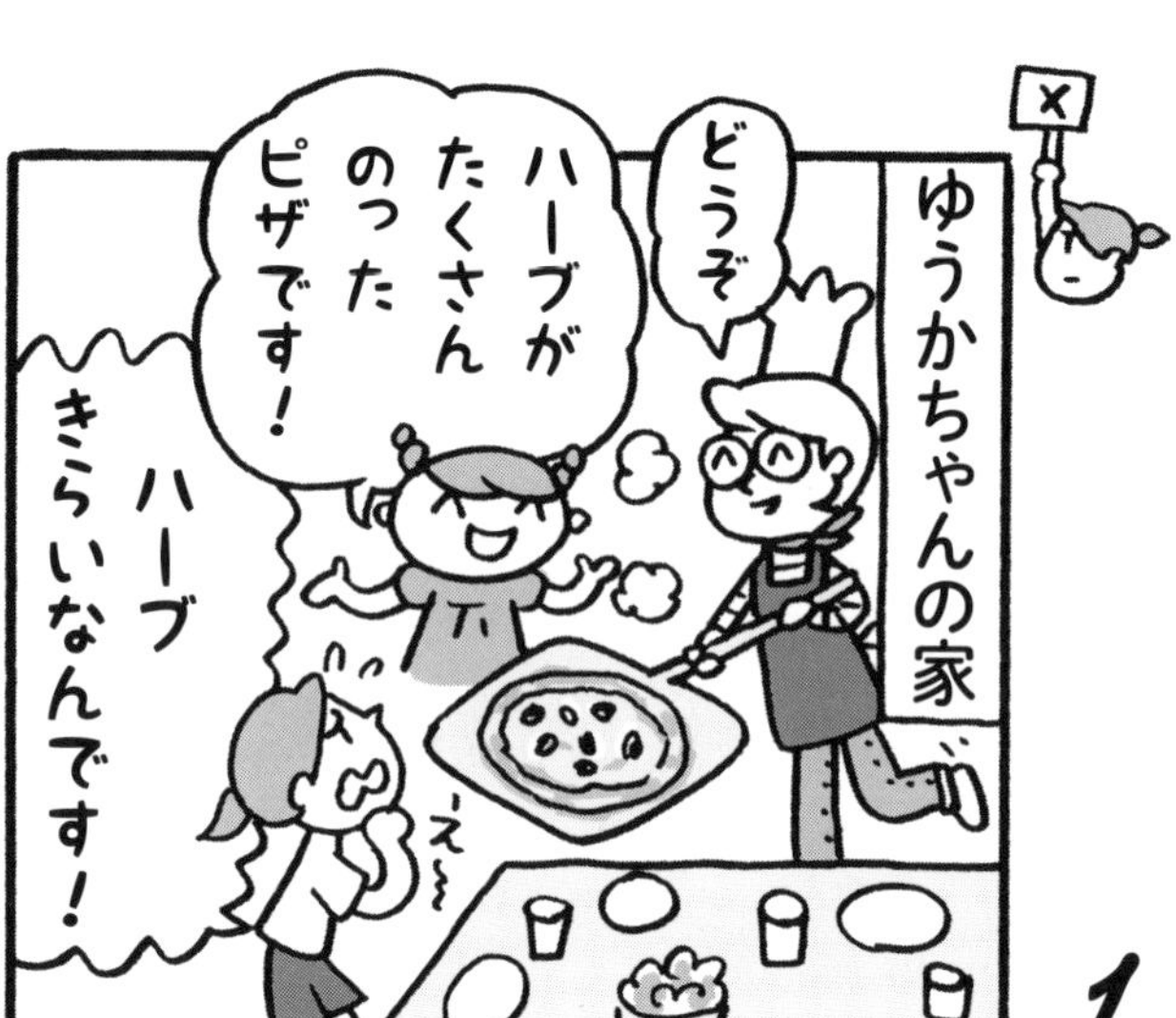

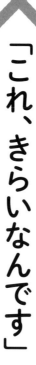

○「はじめて食べたけど、おいしいですね！」

○「今まで苦手《にがて》だったんですけど、これは食べられました！」

きらいなものが出てきたとしても、キミのためにわざわざ作ってくれた人のことを思って、がんばって食べよう！　もちろん、アレルギーがあって食べられない場合は、きちんと説明《せつめい》してわかってもらおう。

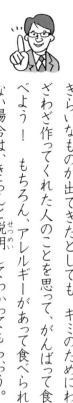

こんなとき49

友だちの家から帰るとき

✕「……（無《む》言《ごん》）」

✕「（友だちにだけ）じゃあ、またね」

「（友だちの家の人に）おじゃましました！きょうは楽しかったです」

「ありがとうございました！失《しつ》礼《れい》します」

友だちの家におじゃまするということは、その家の人にもおせわになるということ。友だちだけでなく、家の人にもあいさつとお礼《れい》を言おう！　れいぎ正しくすると、どこの家に行ってもかんげいされるよ。

2

こんなとき50

近所の人に「最近《さいきん》、学校どう？」と聞かれたとき

× 「ああ、まぁふつうです」

× 「べつに……」

× 「とくに……」

△ 「うん」

あら、かんなちゃん！ 最近、学校どう？
近所のおばさんだ。
とくに…
フリフリ
ズズズ
1

○「はい、楽しいです！」

○「このあいだ、運動会があって……（と、運動会の話をする）」

○「校長先生がかわりました」

近所の人はキミが学校で元気にやっているか知りたくて、「学校どう？」と話すきっかけを作っているんだよ。ちょっとした話題でいいので、元気よく話をするとよろこばれるよ。

こんなとき51

家にお客さんがきたとき

×

「あ、……（無言《むごん》）」

○「こんにちは、いらっしゃいませ！」

○「こんにちは！○○（自分の名前）です。小学校□年です」

お客さんにはきちんとあいさつをしよう。「お待ちしてました」とかんげいする気持ちを伝えたら、お客さんもうれしいよ。キミもよその家でそう言われたら、うれしいよね。うれしいことは人にもしてあげたいね！

2

こんなとき52

家にたずねてきた人から、おかしをもらったとき

×「あっ」

△「どうも」

「ありがとうございます、うれしいです！」

「ありがとうございます、これ好きなんです！」

いただきものをしたとき、お礼を言うのはもちろん、そこに相手があげてよかったと思うひとことを加えるといいよ。「うれしいです」「好きなんです」と言われたら、相手もあげてよかったと思うよね。

こんなとき53

お客さんが帰るとき

×「……（見送りしない）」

△「……（頭を下げるだけ）」

△「……（手をふる）」

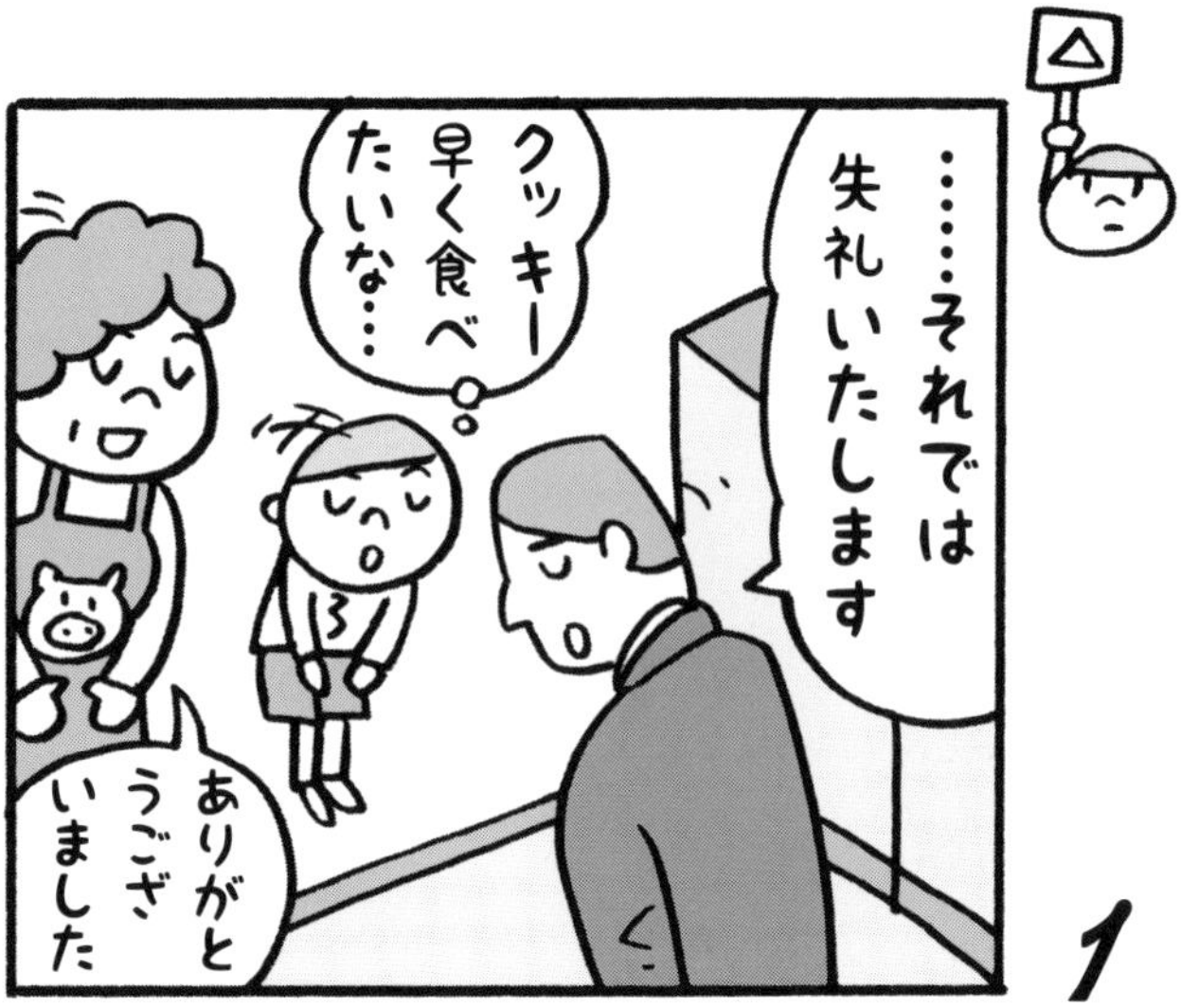

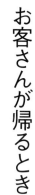

○「きょうはありがとうございました。また来てくださいね！」

○「さようなら。おかし、ありがとうございました！」

お客さんが帰るときには、「さようなら」とともに、相手が「楽しかったなぁ」と気持ちよく帰れる言葉や、「来てよかった」「また来たい」と思える言葉をプラスするといいね。

こんなとき54

宅配便《たくはいびん》を受け取るとき

× 「……（無言《むごん》でハンコをおす）」

△ 「おつかれさま」

△ 「ごくろうさま」

○「雨の中、ありがとうございました！」

○「寒い中、ありがとうございました！」

○「暑い中、ありがとうございました！」

「おつかれさま」「ごくろうさま」は人をねぎらう言葉なので、子どもが大人に対して使うのは、ちょっとヘンかもしれない。こういうときは荷物をとどけてくれたお礼を言う方がよろこばれるね。

2

こんなとき55

電車で前にお年よりが立っていたとき

××

「……（気づかないふりをする）」

「……（気づいているのに動かない）」

◯「あ、どうぞ！」

◯「（さっと立ち上がって）よかったら、おすわりください」

お年よりや体の不自由な人にはすすんで席をゆずろう。見かけたらすぐに立ち上がって声をかけることがだいじ。時間がたつと言いにくくなるよ。はずかしがらずに元気よく「どうぞ！」と声をかけよう。

こんなとき56

重いものを持ったお年よりに、会ったとき

×

「（なにもしない）」

△

「重いですか？」

○「お手伝いしますね！」

「重いですか？」と聞くのでなく、「お手伝いします！」とやりたい気持ちがあることを伝えよう。その方が、相手も「じゃあ、おねがい」と言いやすくなるよ。

こんなとき57

道で人にぶつかったとき

×××

「どこ見てんだよ！」

「いたっ！」

○

「あっ、すみません！」

道でだれかにぶつかったときは、どちらが悪いかなんて考えず、まずはあやまること。「すみません」とか「申《もう》し訳《わけ》ありません」という言葉は、そのしゅんかんに口から出るようにしたいね。

こんなとき58

道でぶつかって、相手からあやまられたとき

✕「……（無言《むごん》）」

✕「チッ！（したうちする）」

✕「まったくもう！」

○「こっちこそ、すみません」

○「いいえ、こちらこそごめんなさい」

相手から先にあやまられたら、すぐに「こちらこそ」とあやまろう。あきらかに相手が悪いときも、どちらが悪いかわからないときも「すみません」とまず言う。これがれいぎだね。

言葉をつなげることが大切

この本で、たくさん「×」がついているセリフはなにかわかるかな？　そう、「……（無言《むごん》）」だね。どんなときでも、**なにも言わないのは、よくないこと**なんだ。

なぜよくないいか。

理由は2つあるよ。ひとつは、なにも言わなければなにも考えていない人、言うべきことがなにもない人と思われてしまうから。つまり「**自分の考えがない人**」と思われてしまうんだ。

2つ目は、だまっていると、相手に「**この人は自分と話していても楽しくないんだ**」と思われてしまうかもしれないから。楽しければ「うんうん、それいいよね。そういえばこの間、……」と話が続いていくはずなのに、なにも言わなかったら「つまらないから、早く話を終わらせたいんだなあ」と思われてしまうよ。

今は、コミュニケーションがとても大事な時代。**人と楽しく会話ができる人には友だちが多い**し、大人になって仕事をするときも、**きちんと話せる人は評価が高い**よ。

コミュニケーション格言《かくげん》 8

無《む》言《ごん》はナシ！

こんなとき59

ファミリーレストランで、水をこぼしてしまったとき

✕

「あ、こぼれちゃった」

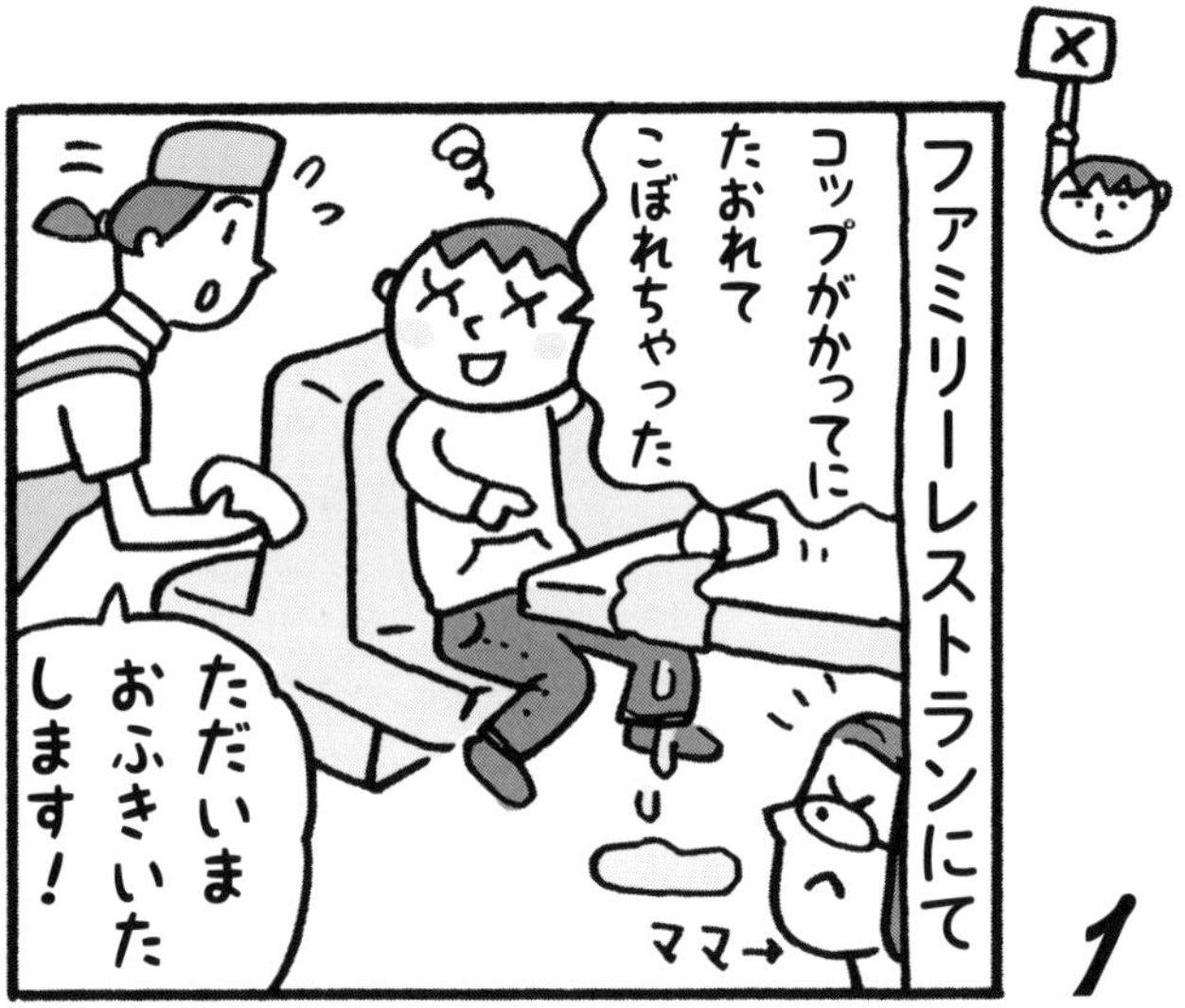

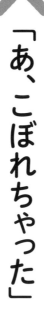

○「すみません、水をこぼしてしまって」

ファミレスにかぎらず、家でも学校でも、してしまったミスについては、すぐにあやまることが大切。水が勝手に「こぼれた」のではなく、キミ自身が「こぼした」ことをちゃんとみとめてあやまろう。

こんなとき60

お母さんに、おふろそうじをたのまれたとき

✕「えー、なんでやらなきゃいけないの」

✕「めんどくさいよ」

1

○「オッケー、今やるよ！」

○「おっと合点承知《がってんしょうち》の助《すけ》！」

家での仕事は、家族みんなで協力してやるものなんだ。「大人だから」「子どもだから」ではなく、家族の一員としてやらなくてはならない。たのまれたらイヤがらずに、よろこんで引き受けよう！

こんなとき61

家の人から「きょう、学校どうだった？」と聞かれたとき

✕「……（無言《むごん》）」

✕「べつに、ふつう」

〇「きょう、先生がおもしろいこと言ってね」

〇「社会で裁《さい》判《ばん》所《しょ》のことを習ったんだ」

家族はひとつのチーム。自分の役割は、家族の会話のリーダーとしてもりあげることだ、というくらいの気持ちでどんどん会話をしよう。

S《エス》N《エヌ》S《エス》をやるなら時間を限定《げんてい》しよう

ラインやツイッター、ブログやフェイスブックなど、インターネット上でたくさんの人とつながるソーシャル・ネットワーキング・サービス（SNS）。気の合う友だちとメッセージや写真を送りあうのは楽しいよね。

SNSをやること自体はいいけれど、気をつけたいのは**〝やりすぎ〟**てしまうこと。SNSに時間を取られて、本を読む時間や勉強をする時間がなくなってしまうのはよくないね。それに、夜おそくまでやっていたら寝る時間がなくなって、つぎの日の授業《じゅぎょう》に集中できなくなってしまうよ。

SNSをする場合は、**「何時まで」**と時間を決めよう。

家にいるときは、家族とすごす時間。学校であったこと、勉強のこと、友だちのこと、話すことはたくさんあるよね。家族もキミがきょう、どんな一日を送ったのか知りたいし、そんな話を楽しみにしているよ。

インターネットでの会話よりも、家族との会話を大切にしよう。

文字のやりとりは誤解《ごかい》を生むこともある

SNS《エスエヌエス》をやるときに気をつけたいことは、2つあるよ。ひとつは、メッセージを送った相手から**返事がこなかったとしても、気にしすぎないこと。**返事がないと、「どうしたのかな?」「きらわれたかな?」「おこったのかな?」と心配になるかもしれない。でも、たまたま返事ができないということもあるし、メッセージを見るのをわすれることもある。そんなときは、つぎの日学校で「きのう、メッセージ見た?」と聞けばいいよね。**気にしすぎは禁物《きんもつ》**だよ。

もうひとつは、文字だけのやりとりだから、**まちがった読み方をされることもある**ということ。

たとえば、「これ、かわいいよね」と同意を求めるつもりで「これ、かわいくない?」と送ったら、「かわいくない」という否定《ひてい》の意味で受け取られてしまうことがあるかもしれない。**誤解を生むような表現には注意したい**ね。

見えないお相手とやりとりするのがSNS。それをわすれないようにしよう。

おわりに

今は、学校でも家庭でもコミュニケーションがあふれているね。直接会って話すことも、携帯電話で話すことも、メールやラインでやりとりすることも、すべてコミュニケーション。今の時代を生きる人たちにとって、コミュニケーションは欠かせないものだね。

言ってみれば、世の中はコミュニケーションの海。上手に泳げる人もいれば、中にはおぼれてしまう人もいる。上手に泳げると、大人になって社会に出ても、人といい関係がきずけるよね。

就職面接《しゅうしょくめんせつ》でも、コミュニケーション力は重視《じゅうし》されているんだ。聞かれたことに答えられること、きちんとやりととりできること、そして相手と気持ちよく話ができること。面接官は、それを見ているんだよ。

小学生のうちから「話し方」をみがいておけば、大人になってもおおいに役立つね。

『学問のすすめ』を書いた福沢諭吉《ふくざわゆきち》は、「人にして人を毛嫌《けぎら》いするなかれ」と言っているよ。人として生まれたからには、人をきらったりせず、多くの人とつきあって自分の世界を広げていこうよ、という意味だね。自分とはちがう考えをもつ人たちとせっすることで、学ぶことがたくさんあるんだ。人とつきあうことは、勉強をしたり、本を読んだりするのと同じくらい成長できるんだよ。

「いい話し方」を身につけて、コミュニケーションを楽しもう！

齋藤　孝

齋藤孝
1960年生まれ。東京大学法学部卒業。同大学院教育学研究科博士課程を経て、明治大学文学部教授。専門は教育学、身体論、コミュニケーション論。著者に『これでカンペキ！　マンガでおぼえる』シリーズ、『声に出して読みたい小中学生にもわかる日本国憲法』、『子どもの日本語力をきたえる』など多数。NHK Eテレ「にほんごであそぼ」総合指導。

編集協力
佐藤恵

ブックデザイン
野澤享子
高倉美里（permanent yellow orange）

イラスト
ヨシタケシンスケ（カバー）
漆原冬児（本文）

これでカンペキ！
マンガでおぼえる
コミュニケーション

発行日　2017年7月31日　第1刷発行
2025年1月31日　第5刷発行
著者　齋藤孝
発行者　小松崎敬子
発行所　株式会社 岩崎書店
東京都文京区関口2-3-3　7F
〒112-0014
電話　03（6626）5080［営業］
03（6626）5082［編集］
印刷・製本　株式会社光陽メディア

Published by IWASAKI Publishing Co.,Ltd.
Printed in Japan
ISBN978-4-265-80230-2　NDC809

岩崎書店ホームページ　https://www.iwasakishoten.co.jp
ご意見をお寄せください　info@iwasakishoten.co.jp